学　术　译　丛

中世纪欧洲经济社会史

Economic and Social History of Medieval Europe

Henri Pirenne

〔比利时〕亨利·皮朗 著　乐文 译

上海人民出版社

目录

英译本序言

在这本书里，我试图扼要叙述从罗马帝国末期至15世纪中叶西欧经济与社会演进的特征及一般动向。我力求把这个广阔的地区作为一个单独的整体来观察，这个地区的各个部分保持着经常的交通；换言之，我采取了一种国际的观点，我最关心的是提出我所描绘的现象的主要特征，而把这些现象在不同国家或在同一国家的不同地区所具有的特殊形态降到附属的地位。因此，我当然不得不以较大的篇幅来叙述像意大利、尼德兰这些在中世纪经济活动发展最为迅速、最为完善的国家，在欧洲其他地区往往可以发现这些国家的直接或间接的影响。

在我们的知识里还有许多空白，因此为了解释事态的演变或探索它们的相互关系，有时不得不求助于近似的事实或推测。但是我力求避免求助于理论，以免违反了事实。我的宗旨是以事实为指导，当然，我不能夸口说已经获得成功。最后，我自始至终试图尽可能提出一个清晰的叙述，即使对争论最多的问题也是如此。

本书每章均附有必要的书目提要，读者可以根据参考书籍来补充我的叙述或批评我的见解(英译本的书目提要是特别修订的)。我编选书目提要的方针是只选择内容丰富或结论重要、具有真正价值的著述，因此在我的书目提要里包括了不少的杂志论文。对这方面一些显而易见的遗漏，我预先表示歉意。某些遗漏是出于我的无知，另一些是由于一切书目提要都必不可免地要反映出编者的偏好。

亨利·皮朗

导　　论

为了了解自 11 世纪以后西欧所发生的经济复兴，有必要首先回顾一下 11 世纪以前的时期。

根据我们在这里所必须采取的看法，显然 5 世纪时在西欧形成的一些蛮族王国仍然保持着古代文明最显著、最主要的特征，即地中海文明的特征。[1] 古代世界的一切文明都是围绕着这个伟大的内海而诞生的。它们凭借地中海互相沟通并且四处传播自己的思想与商业，直到最后地中海实际上成了罗马帝国的中心，从不列颠到幼发拉底河，罗马帝国各行省的活动均集中于此。在日耳曼人入侵以后，伟大的地中海仍继续起着传统的作用。对于定居在意大利、非洲、西班牙与高卢的蛮族说来，地中海仍旧是它们与拜占庭帝国交通的要道。这种关系的保存，就使地中海能够发展古代世界延续下来的经济生活。回溯下列事实即足以说明此种情况，例如从 5 世纪至 8 世纪间叙利亚人的航海业活跃于西方各港与埃及、小亚细亚各港之间；又如日耳曼诸王继续使用罗马金币索里达，索里达是地中海盆地经济统一的媒介和象征；最后还有向地中海沿岸发展的商业，足以使人们有权利像罗马人一样把地中海称为“我们的私海”。

直到 7 世纪伊斯兰教徒突然出现于历史舞台，征服了这个伟大的欧洲湖泊的东、西、南三个方面，上述的情况才有了改变。它的结果影响了以后历史的全部进程。[2] 此后，地中海不再是东西方世世代代联系的纽带，而成了一个障碍。尽管拜占庭帝国凭借它的海军击败了伊斯兰教徒对爱琴海、亚得里亚海岸与意大利南岸的进犯，但第勒尼安海却完全为萨拉森人所统治。萨拉森人经由非洲、西班牙包围了地中海的南部与西部，而他们对巴利阿利群岛，科西嘉、撒丁、西西里诸岛的占领，使他们拥有海军基地，从而完成了对地中海的控制。从 8 世纪初叶起，在这个伟大的海运的四边形地区，欧洲商业濒于绝境，整个经济活动这时转而趋向于巴格达。伊本·卡尔顿[3]生动地指出，基督徒“再也不能泛舟于其上了”。在这些沿岸地区，过去曾经由于生活习惯、需要、思想相同而保持着一种相互关系，现在则形成了两种文明，或者说两个相异的、敌对的世界，即互相对峙着的新月旗世界与十字架世界。经历了日耳曼人的入侵而残存下来的古代的经济平衡，随着伊斯兰教徒的进入而分崩离析了。加罗林王朝阻止了阿拉伯人向比利牛斯山以北扩张，可是他们未能恢复对地中海的统治。且鉴于本身力量的软弱，也没有作此尝试。查理曼帝国主要是一个陆地国家或如某些人所说的是一个大陆国家，与罗马及墨洛温王朝的高卢适成强烈的对照。这种基本事实必然导致中世纪早期所特有的新的经济秩序的产生。[4]

尽管后来的历史证明基督徒从较高的伊斯兰教文明中吸收了很多东西，但是并不能因此对他们早期的关系发生错觉。诚然，在 9 世纪时，拜占庭人及其在意大利沿岸诸港如那不勒斯、阿马尔菲、巴里尤其是威尼斯与西西里、非洲、埃及以及小亚细亚的阿拉伯人保持着比较活跃的贸易关系。但是西欧的情形就适得其反，在西欧，两种信仰的敌对使他们之间处于战争状态。萨拉森海盗不断侵犯里昂湾沿岸、热那亚港湾以及多斯加尼与卡塔洛尼亚沿岸。他们在 935 年及 1004 年两次劫掠了比萨，又于 985 年毁灭了巴塞罗那。11 世纪初期以前，这些地区与萨拉森人在西班牙及非洲的港口没有丝毫交通的痕迹。沿岸地区的不安情况如此严重，以致马格罗勒的主教署不得不迁往蒙彼利埃。大陆本身也未能免受侵袭。10 世纪时，伊斯兰教徒在阿尔卑斯山的加德—法腊纳设立了一个武装前哨，绑架、屠杀从法兰西到意大利去的过境香客和旅客。在同一时期，鲁西荣也处于伊斯兰教徒越过比利牛斯山而进行袭击的恐怖中。846 年，萨拉森匪帮甚至进抵罗马，围困了圣·安格乐堡垒。在这种情况下，萨拉森人的接近，给西方基督徒所带来的除了一片灾害以外，不可能有别的东西。过于软弱而不敢反击的西方基督徒退缩不前，把大海放弃给敌人，不敢再作海上冒险。从 9

世纪到 11 世纪，西方实际上被封锁着。虽然每隔许久仍有使者被派往君士坦丁堡，并有相当多的香客到耶路撒冷去，但是他们必须经历遥远而困难的旅程，或经过伊利里亚与色雷斯，或渡过亚得里亚海到达意大利南部，再由巴里乘坐希腊船只而到达目的地。有些人把这种旅程当作伊斯兰教扩张以后地中海西部的航运仍继续存在的证明，这是没有根据的。实际上，那时地中海西部的航运已完全停顿了。

由于地中海曾经是商业大动脉，航运停顿以后，商业活动也陷入停顿。不言而喻，在地中海商业活跃期间，都是由航运维系着意大利、非洲、高卢各港口及它们腹地的商业关系。尽管不幸我们所掌握的材料不多，但是足以证明在阿拉伯人进入以前，在所有这些国家里都有一个专门的商人阶级从事进出口贸易，这一商人阶级的重要性固然尚可争议，其存在却是无可置疑的。正是由于这一商人阶级，罗马的城市才继续成为交通的中心和商业流通的集中点，流通线从沿海向北发展至少达到莱茵河流域。输往这一带的商品如纸张、香料、东方的酒和油类等物品是在地中海口岸起卸的。[5]

7 世纪伊斯兰教扩张造成的地中海封闭，必然使上述商业活动迅速衰落。8 世纪中的商业停顿使商人消逝，[6]由商人所维系的城市生活也同时趋于衰落。当然，罗马的城市还继续存在，因为它们是教区行政的中心，主教们驻节在那里，在他们的周围有一批神职人员，不过，这些罗马城市已经失去了经济的重要性与市区行政的意义。这些城市呈现出普遍的贫困。金币消失了，代之以银币，加罗林王朝曾被迫以银币代替金币。取代罗马金币索里达的新货币制度，就是与古代经济或者说与地中海经济断绝关系的明证。

往往有人以为查理曼帝国统治时期是经济进步的时期，这是显然的错误，这完全是错觉。事实上，从商业观点看来，与墨洛温王朝比较，加罗林王朝是衰落的时期，甚至是退化的时期。[7]即或查理作过努力，他也无法防止由于地中海封闭、海上贸易消逝所造成的不可避免的结果。当然，这些结果对北方的影响不及对南方的影响那么强烈。9 世纪上半期，肯塔维克(即现在的康舍河上的埃塔普勒)与杜斯特得(在莱茵河乌特勒支的上游)诸港埠常有商船来往，而且弗里斯兰人的商船不断往返于些耳德河、马斯河与莱茵河，并在北海沿岸进行贸易。[8]但是我们必须注意，不要把这些事实当作复兴的象征。它们不过是墨洛温王朝所保存下来的罗马帝国时代商业活动的继续而已。[9]帝国宫廷在爱斯拉沙白的长期驻节及无数宫廷人员的供应需要，可能不但维持了邻近地区的商业，并且发展了这些地区的商业，使它们成为帝国境内尚有商业活动迹象的唯一地区。不过，无论怎样，诺曼人终于迅速地消灭了过去时代的这种最后的残余。9世纪末叶以前，诺曼人彻底劫掠并毁灭了肯塔维克与杜斯特得，使它们永不能恢复。

人们可能认为，确实，往往有人认为多瑙河流域代替了地中海而成为东西方交通的要道。如果没有阿瓦尔人和马扎尔人先后使这条道路无法通行，这种设想可能是事实。根据历史的材料，当时除有少数船只从斯特拉斯堡的盐矿区运载食盐外，别无贸易。至于所谓与异教徒斯拉夫人沿着易北河与扎勒河所进行的贸易，不过是冒险者的掠夺活动，他们企图以武器出售给蛮族或向加罗林王朝的军队购买战俘，然后再把他们出卖为奴隶，这些战俘是加罗林王朝的军队从帝国这些危险的邻人中俘获的。教会法规很明显地表明，在这种经常处于不安状态的军事边界，并无正常的定期贸易。

根据我们所掌握的证据看来，显然从8世纪末期以后西欧已退回到一种纯粹的农业状态。土地是生活的唯一来源，是构成财富的唯一条件。所有各阶级的人，从皇帝(除土地收入外，别无收入)以至最卑贱的农奴，均直接或间接地依赖土地的产物为生，不管他们是靠自己的劳动来获得这些产物，还是仅仅通过征收来获得这些产物并加以消费。动产在经济生活中不再起任何作用。整个社会生活都建筑在地产或对土地的占有上。因此，要使国家的军事制度与行政制度不建立在土地所有的基础上，是不可能的。现在只有从采邑的领有者中募集军队，从大土地所有者中选拔官吏。在这种情况下，没有可能保障国家元首的最高主权。即使原则上存在着最高主权，实际上它已经归于消灭了。封建制度不过意味着公共权力分散于代理人的手中。每一个代理人均拥有一片土地而独立，并且把他们既得的权利视为世袭权利的一部分。事实上，9 世纪西欧封建制度的出现，不过是社会退回到纯粹农业文明时，在政治领域中的一种反响而已。

从经济的观点来看，纯粹农业文明的一个最突出、最富有特征的制度就是大地产制度。自然，大地产制度来自远古。要证明它与远古的联系是很容易的。在恺撒以前很久的时期，高卢就有大土地所有者，正像在蛮族入侵以前德意志就有大土地所有者一样。罗马帝国没有取消高卢的大地产制。而这种大地产制就迅速地适应了那种流行于征服者中的田产组织方式。帝国时代高卢的庄园、它的地主的保有地与隶农的租地，与伽图*时代意大利农学家所描写的耕作形态是一样的。在日耳曼族侵入时期，这种耕作方式没有变化。墨洛温王朝的法兰西保存了这种耕作方式。随着土地逐渐归基督教会所有，教会又把这种方式介绍到莱茵河以西。[10]

因此，无论从哪方面来说，大地产的组织并不是一种新事物。但是自商业与城市消失以后，大地产活动的方法却是新的。当商业能够为它运转产品而城市能够为它提供市场的时候，大地产还能控制常规的对外销售并从而获得利益。大地产作为粮食的生产者与制造品的消费者参加一般的经济活动。换言之，它与外部世界进行着一种相互的交换。但是，现在既然没有商人与市民，大地产与外界的相互交换也就终止了。既然没有买主，向谁去销售呢？既然没有需要，向什么地方去推销产品呢？现在每个人都依靠自己的土地为生，没有人愿意向外面购买食物，由于迫于需要，土地所有者不得不消费自己的生产品。这样，每一个大地产就构成这样一种经济，即人们曾经不大正确地称之为“关闭的领地经济”，事实上，这不过是一种没有市场的经济。它之

---

* 伽图(234B. C. ～149B. C.)，罗马的政治家。——译者

所以这样，不是出于选择而是出于需要，不是由于它不愿意出卖产品，而是由于没有买主。领主不仅依靠自己的保有地与农民的租税过活，还要在自己家里生产耕种土地所需的农具以及奴仆所需要的衣服，因为他无处购买这些东西。因此，成为中世纪早期大地产特征的作坊或“家庭作坊”的建立，就是为了补充商业与工业的缺乏。

显然，这种情况必不可免地使人们受气候的支配。如遇歉收，备荒的储粮吃完了，人们不得不想尽办法去寻找不可少的谷物。农奴们被派遣出去向幸运的邻人或丰收的地区去寻求食物。领主们为要筹得金钱让农奴去寻找食物，不得不把金银器皿送到附近的铸币所去熔铸，或向邻近的修道院院长去告贷。因此，在气候的影响下，存在着一种时断时续的、偶然的商业，并且保持着一种断断续续的水陆交通。同样地，在丰收的年份，人们需要用同样的方法来出卖多余的葡萄或粮食。最后，为生活所必需的调味品食盐，只出产于某些地区，人们不得不到那些地区去取。不过，从商业的特性与专门意义上看来，这一切都不能被认为是商业活动。因为当时商人似乎是受环境的影响而时作时辍的。买卖不是任何人的正常职业，只是人们迫于需要而采用的权宜之计。商业已不再是社会活动的一个部门，每个大地产都以供给自己的一切需要为目的。因此我们发现，那些坐落于缺乏葡萄园地区例如尼德兰等地的寺院，不惜余力设法从塞纳盆地、莱茵河流域及摩泽尔河流域的领地获得这些礼物，以保证他们的酒窖年年得到补充。[11]

乍看起来，大量市场的存在与当时的商业瘫痪似有矛盾，因为从 9 世纪初期以后，市场的数目迅速增加，新的市场不断地建立起来。不过，市场的数目正说明了市场的无关重要。只有巴黎（隆狄集市）附近的圣·但尼集市，一年一度吸引着香客，其中有从远处来的临时买卖者。此外，仅有无数的每周举行一次的小集市。附近的农民在这里出售少量的鸡蛋、小鸡、几磅羊毛或若干厄尔 * 自织的粗布。人们出卖东

---

* 厄尔，古尺名，在法国为 54 英寸。——译者

西是以第内拉德*来计算的，即是说，出售的货物数量没有超过几个便士，从这一事实可以清楚地了解当时交易的性质。[12]总之，这些小集市的作用，只限于满足附近居民的家庭需要，而且无疑地，它也满足了一切人们所继承的社交本能，正如今日加比利人的集市一样。这些集市是定居的农耕社会所提供的唯一的娱乐场所。查理曼曾命令他领地内的农奴“不许到集市上去游逛”，这说明集市对人们的吸引力，是出于人们寻乐的愿望，而不是商业的意图。[13]

因此，我们找不出专门的商人。没有商人存在，或者可以说，除了犹太人以外就没有商人，从加罗林王朝初期起，只有犹太人进行常规的商业活动。正因为这个缘故，“犹太人”与“商人”这两个名词几乎成了同义语。一部分犹太人定居在南方，但是大多数来自地中海沿岸的伊斯兰教国家，经过西班牙到达西欧和北欧。他们是拉当人，长期的旅行者，与东方国家还保持着表面的接触。[14]他们所经营的完全是香料和贵重物品的买卖。这些物品是他们辛辛苦苦地从叙利亚、埃及、拜占庭运到加罗林帝国来的。通过他们，教会可以购得敬神时所不可缺少的神香。每隔许久，教会可以通过他们购得贵重的织品。直到今日许多教会的财库里还收藏着一些零星的样本。犹太人输入胡椒。这种调味用的胡椒极为稀少昂贵，以至于有时充当金钱使用。犹太人也输入东方制造的珐琅器皿和象牙制品，这是为当时贵族们所需要的奢侈品。因此，犹太人的顾客是极为有限的。他们取得的利润必然十分可观。不过，即使如此，犹太人的经济作用只是一种附属的作用。如果没有他们，社会也不会失去什么主要的东西。

因此，从各种观点看来，9世纪以后西欧在本质上是一个农业社会。在这个社会里，交易与商品流通已经降到最低限度。商人阶级消失了。一个人的情况是根据他与土地的关系来决定的，而土地是由世俗的少数人和教会所占有的。在他们下面，是为数众多的、被置于大

* 第内拉德，小钱，约等于8便士。——译者

地产组织中的佃农。占有土地就同时享有自由与权力。因此土地所有者就是领主。失去了土地就降为农奴。所以“维兰”一词，一方面指居住在庄园内的农民，同时也指农奴。在农村人口中，往往有少数人，偶然保持了他们的土地，因而也保持了他们的个人自由。但是这与大局无关。一般说来，农奴的地位就是农村群众、也就是一切群众的一般地位。当然，在农奴中也有许多等级，例如，有些人还没有脱离古代奴隶的地位，有些人是失去了土地的小所有者的后代，他们自愿委身于大土地所有者的保护下。重要的是他们的社会地位，不是他们的法律地位。而从社会地位说来，所有居住在领主土地上的人，现在都是领主的附从，既被他剥削，也受他保护。

在严格的教权社会里教会居于显赫而重要的地位，并曾掌握着经济上与道德上的支配权，教会拥有的无数大地产，其范围超过了贵族，正如同在知识方面，教会也超过了贵族一样。再者，由于信徒的捐献、香客的施舍，只有教会拥有财力能在歉收的时候向世俗的穷人贷款。而且，在一个已经退化到普遍愚昧的社会里，只有教会保持着文化上的两个不可缺少的工具：读与写。国王与诸侯们只能从教会里招聘他们所需的法官、秘书和“书吏”，换言之，国王与诸侯们只能从教会里招聘他们行使职权所必需的一切有文化的成员。从 9 世纪到 11 世纪，政府的全部事务都掌握在教会手里，在政府事务中，正如在艺术方面一样，教会占有优势。教会的大地产组织已成为一种榜样，贵族的大地产欲与之并驾齐驱而不可能。因为只有在教会里才有人会制作联单账簿、登账、计算收入支出，而使收支平衡。因此，在当时，教会不仅是伟大的道德权威，也是巨大的金融力量。

并且，教会的世界观非常适合当时以土地为社会秩序唯一基础的经济情况。土地是上帝赐给世人，使之能够在人间生活而期望永恒地得救的。劳动的目的不是增加财富而是保持一个出生时的地位，直到从尘世转入永生。僧侣的修行是整个社会所憧憬的理想。追求财富必然陷入贪婪的罪恶。贫困起源于上帝，是上帝的意旨所决定的，不过富人应该用施舍来救济贫困。寺院就是富人的榜样。让富人收获的剩余粮食储存起来，免费地分配出去，正如同他们在需要时向寺院告贷，寺院免息贷款给他们一样。

“有以贷人无所企求”，放款取息或高利贷(这是一个技术意义的名词，现在却含有不名誉的意思，这个意思一直保持到今日)是令人憎恶的事。从最早的时候起，就禁止教士放款取息。从9世纪起，教会也禁止了俗人放款取息，而把放款取息权交给教会法庭来裁夺。再者，一般的交易与货币交易一样，也是不名誉的。一般的交易对灵魂说来，也是危险的，因为交易将使灵魂不再考虑自己的最后结局。“经商之人很难，可以说不可能取悦于上帝。”[15]

不难看出这些原则与事实是多么的调和，教会的理想是多么与现实相适应。它为教会首先得到好处的那种情况提供了辩解。在这些世纪里，当每一个庄园都是自足自给的，而且经常构成一个自己的小天地的时候，还有什么比谴责高利贷、贸易、为利润而追逐利润更为自然呢？我们试想，仅是饥荒就迫使人们向邻居借贷，因而敞开了进行投机、重利盘剥、独占等一切罪恶活动的大门，这时如果不是宗教的道德谴责了这些罪恶活动，对这种贪得无厌地利用贫困的欲望，还有什么更仁慈的举动呢？当然，理论与实际的距离很大，寺院本身也经常违反教会的禁令。但是，尽管如此，宗教精神对世界留下了极其深刻的印象，以致人们经历了几个世纪才逐渐习惯于日后经济复兴所需要的新惯例，才习惯于把商业利润、资本运用、放款取息看成为合法的，而在精神上没有太大的保留。

注　释：

[1] 现在，连那些认为5世纪蛮族入侵摧毁并改变了西方文明的史学家也都承认这种看法。参考弗·洛著《中世纪史》(格罗兹编：《通史》)，第1卷，第347页。多普施在《从恺撒到查理大帝欧洲文化发展的经济社会基础》(两卷本，维也纳，1923～1924年版)一书中曾经指出，日耳曼人在帝国定居以前及以后时期，经济史并未中断。

[2] 亨利·皮朗：《穆罕默德与查理曼》、《墨洛温王朝与加罗林王朝的经济对比》(《比利时语文学、史学杂志》，1922年第1卷，1923年第2卷)、《中世纪的城市》(布鲁

塞尔，1927年版，第7页以下），此处无法列举这种看法所引起的相反的意见。有关这类意见，可参阅洛朗：《皮朗关于古代末期及中世纪初期的著作》（《拜占庭杂志》，1932年，第7卷，第495页以下）。

[3] 乔治·马尔萨著《阿尔及利亚历史与史学家》（巴黎，1931年版，第212页）称："自从巴巴利（即从埃及起到大西洋岸的非洲北部地区。——译者）落入伊斯兰教徒统治以后，在整个中世纪，巴巴利与基督教欧洲的桥梁几乎一无例外地被全部割断……巴巴利仿佛成为东方世界的一个省份。"上节伊本·卡尔顿的引语，摘自马尔萨的著作。

[4] 皮朗：《墨洛温王朝与加罗林王朝的经济对比》（《比利时语文学、史学杂志》，1923年，第2卷）。

[5] 施斐尔-博瓦肖尔斯特：《西方国家中的叙利亚人》（《奥地利历史研究所报告》，第4卷，1885年，第521页以下）。布勒伊埃：《中世纪初东方人在西方的殖民地》（《拜占庭杂志》，1903年，第12卷，第11页以下）。埃伯尔苏尔特：《东方与西方》，巴黎，1929年版，第26页以下。皮朗：《墨洛温王朝高卢纸莎草纸的贸易》，（《文学研究院会议报告》，1928年，第178页以下）。皮朗：《国库库藏》（《比利时王家学院人文学公报》，1930年，第201页以下）。

[6] 关于这一点，参看萨贝在《比利时语文学、史学杂志》（1934～1935年）所发表的两篇文章。

[7] 哈尔芬：《查理曼历史批判研究》，巴黎，1921年版，第239页等。皮朗：《穆罕默德与查理曼》、《墨洛温王朝与加罗林王朝的经济对比》（《比利时语文学、史学杂志》，1922年第1卷，1923年第2卷）。

[8] 芬格勒：《墨洛温王朝与加罗林王朝期间肯塔维克在航运上的重要地位》（《汉撒史报》，1907年，第91页以下）。皮朗：《弗里斯兰的呢绒还是法兰德斯的呢绒？》（《社会经济史季刊》，1909年第7卷，第308页以下）。波尔曼：《墨洛温王朝与加罗林王朝北尼德兰商业史》，阿姆斯特丹，1908年版。

[9] 居蒙：《比利时是如何罗马化的》，布鲁塞尔，1919年，第2版。

[10] 我愿向读者指出布洛克：《法兰西乡村历史的特性》，第67页以下的卓越的叙述，足以说明这一点。——作者

[11] 魏菲克：《中世纪早期比利时宗教组织如何取得酒的供应？》（《比利时语文学、史学杂志》，1923年第2卷，第643页以下）。

[12] 《比斯敦公告》，20（《波列特斯律令》，第2卷，第319页）。

[13] 《维列斯法规》，54。全集，第1卷，第88页。

[14] 关于犹太人材料，参考柯尔达德贝克（约在850年）《道路与国家指南》（巴尔比埃·德·马纳尔译：《亚细亚杂志》，1865年）。

[15] 戈尔德施密特：《商法通史》，第1卷，斯图加特，1891年版，第139页。

第一章

商业的复兴

一、地 中 海[1]

7世纪伊斯兰教徒的侵入地中海盆地，对西方的基督徒封锁了地中海，但是对整个基督徒说来并非如此。不错，第勒尼安海变成了伊斯兰教徒的湖泊，但是意大利南部诸海、亚得里亚海、爱琴海的命运则不是如此。如前指出，在这些地域里，拜占庭的舰队成功地驱逐了阿拉伯人的侵袭。719年，君士坦丁堡遭受围攻以后，博斯普鲁斯海峡上就不再有新月旗了。不过，这两种敌对信仰之间的斗争仍旧继续互有胜负。阿拉伯人——非洲的主人，力图夺取西西里，878年，他们攻占叙拉古以后，完全控制了西西里岛。但是，这是阿拉伯人进展的极限。意大利南部的城市，例如西岸的那不勒斯、加埃塔、阿马尔菲、萨累诺，东面的巴里仍旧承认君士坦丁堡的皇帝，威尼斯也这样做，它位于亚得里亚海首端，从未严重地畏惧萨拉森人的扩展。

事实上，继续使这些港口与拜占庭帝国结合的那种联系是不十分稳固的，而且还在日益削弱。1029～1091年，诺曼底人在意大利与西西里的定居，就彻底破坏了这种联系。威尼斯，9世纪时加罗林王朝曾企图加以统治而未获成功，现在却甘愿继续受巴锡力阿斯统治，因为巴锡力阿斯谨慎地克制自己的权威而让威尼斯逐渐变为一个独立的共和国。至于其他的城市，如果说帝国与这些遥远的意大利属地在政治上的联系并不十分积极，但却与它们进行着十分活跃的贸易，这是一种补偿。在贸易方面，这些城市纳入了帝国的轨道，正所谓背离西方，转向东方。对拥有近百万居民的君士坦丁堡的供应，维持了这些城市的输出贸易，而首都的工厂和市场则以这些城市所必需的丝织品与香料供应它们作为回礼。

在拜占庭帝国时期，城市生活及其奢侈要求并未消失，这与加罗林王朝不同。从加罗林王朝进入拜占庭帝国，仿佛走进了另一个世界。拜占庭帝国的经济发展并没有因为伊斯兰教徒的进犯而遽然中断。一种重要的海上贸易继续供应着有工匠与专门商人居住的城市。西欧和威尼斯之间适成为强烈的对照。在西欧，土地就是一切，商业毫不重要。可是威尼斯，这个没有土地的城市，却完全依赖贸易来维持。

君士坦丁堡和东方的基督教港口，很快地就不再成为意大利的拜占庭城市及威尼斯航运的唯一目标。强烈的进取精神和谋利欲望，使它们不能因宗教上的谴责而长久地不去恢复往日与非洲及叙利亚之间的商业关系，尽管非洲和叙利亚现在已在异教徒的掌握中。从 9 世纪末期起，这种联系建立起来了，且日趋活跃。对意大利人说来，顾客只要能付钱，其宗教信仰则没有什么重要。教会所谴责而诅咒为贪欲的利润追逐，在这里以最野蛮的形式表现出来。威尼斯人把在达耳马威亚海岸所掳掠或收买的斯拉夫青年，输出给埃及和叙利亚的妇女们。这种“奴隶”[2]交易，无疑地大大促进了威尼斯人蒸蒸日上的繁荣，正如同 18 世纪的奴隶贸易对法国和英国的许多货主所起的作用一样。除了奴隶贸易以外，还有木材和铁的贸易，这两种商品是伊斯兰教国家所缺乏的。虽然，毫无疑问，木材是用来建造船只，铁是用来铸造兵器以对抗基督徒，或者甚至用来对抗威尼斯的航海者的。威尼斯的商人，正与一切商人一样，只顾目前利益，贪求有利可图的经营，没有远见。

虽然教皇对贩卖基督徒作奴隶的人以驱逐出教来威胁，虽然皇帝禁止以军事物资供给异教徒，但都没有效力。威尼斯，这个曾经在9世纪由商人们把圣马可遗骸从亚力山大城搬来的城市，独行其是，在遗骸的保护之下安然无恙，并且认为威尼斯城财富的日益增加，就是尊敬圣马可遗骸的应得报应。

的确，这个发展没有中断。为海水所包围的威尼斯，以惊人的精力与活动，竭尽一切手段发展它所赖以生存的海上贸易。正与大陆上的人们依赖土地为生一样，威尼斯全城的人都经营海上贸易，以此为生。因此，当时成为农民乡村文明必然产物的农奴制度，在这个水手、工匠与商人的城市里是陌生的。他们的社会差别，是由财产的情况来决定的，与法律地位无关。商业利润早就造成了富裕的商人阶级，他们的经营已经呈现着无可争辩的资本主义性质。10世纪出现的“股券”显然是从拜占庭的习惯法的应用中模仿来的。

任何稍微重要的商业活动都必须运用书写这一事实，是经济进步无可置疑的证据。每一只出口的商船，都设有一名“书记”，由此可以想见船主们迅速地学会了记账，并且与他们的贸易代理人通信。[3]应该指出，这里没有人对大规模的商业经营有什么非议。最显赫的家族，也从事商业。总督们以身作则，他们早在9世纪中叶就从事商业活动。对“诚笃者路易”的同代人说来，这几乎是不可相信的。1007年，彼得·奥尔塞诺二世从1250里弗尔的商业投资所得的利润中，分出一部分为慈善事业之用。11世纪末叶，威尼斯充满了富裕的贵族，即大批船舶股票的持有者。在河口的一些岛屿上沿着停泊浜与码头，鳞次栉比地排列着他们的商店和停船所。

这时，威尼斯已经成为一个伟大的海上强国。1100年以前，威尼斯已经驱逐了在亚得里亚海飞扬跋扈的达耳马戚亚海盗，并且在亚得里亚海整个东岸树立了坚强的霸权，把这一带视为自己的领土，并保持了几个世纪。为了维系亚得里亚海对地中海出口的控制权，威尼斯协助拜占庭舰队于1002年从巴里驱走了萨拉森人。70年以后，当罗伯·基斯卡德在南意大利建立诺曼底国家，成为威尼斯海上的劲敌，对威尼斯与希腊帝国有着同样的危险时，威尼斯又与希腊帝国联合作战，克服了这个危险。1076年，罗伯死后，这位富有天才的诸侯在地中海扩展的美梦，也就破灭了。这次战争给威尼斯带来了很多的好处，它一举而击败了那不勒斯、加埃塔、萨累诺尤其是阿马尔菲对它的竞争。这些曾经被诺曼底国家所兼并的城市，随着诺曼底国家的消灭而同归于尽。从此君士坦丁堡与东方的市场就落在威尼斯人的手里。

在此以前，威尼斯人早已在君士坦丁堡与东方市场占有无敌的优势。992年，总督彼得·奥尔塞诺二世从巴锡力阿斯诸帝与君士坦丁皇帝获得特许状，使向例在阿拜多斯缴纳关税的威尼斯商船免除关税。威尼斯与博斯普鲁斯的关系极为密切，威尼斯人在那里设立了殖民地，由于皇帝的特许，他们在那里享有司法特权。在以后的年代里，威尼斯人又在雷奥狄西亚、安提俄克、马米斯特拉、阿达纳、塔尔塞斯、萨塔里亚、埃弗塞斯、希沃斯、佛斯亚、塞伦伯利亚、赫剌克里亚、罗多斯它、安得仑堡、萨罗尼加、狄麦多留、雅典、底比斯、科隆、摩顿、科佛等地建立了居留地。威尼斯在帝国各处占有供应与入侵的根据地，保证了它对商业的控制。可以说，从11世纪末期起，威尼斯实际上就垄断了尚在君士坦丁统治者掌握下的欧亚各省的交通权。

帝国的皇帝们也不打算反对这种情况，在这种情况下，如有争执，他们自己将蒙受不利。1082年5月，阿列克塞·康乃奴颁给总督的特许权，可视为威尼斯人在拜占庭帝国境内享受的优越权已登峰造极。从此以后，在帝国全境，威尼斯人免缴一切商业税，比帝国臣民更受优待。但是在外国商品方面，威尼斯人必须继续纳税。这项规定完全证明威尼斯人已经把地中海东面的整个海上贸易全部掌握在自己手里。尽管10世纪以后威尼斯人与伊斯兰教诸国的贸易发展情况不详，但是一切事实都说明，它的发展，即使没有威尼斯人与拜占庭帝国的贸易那么有力，其方式则是一样的。

二、 北海与波罗的海[4]

浸洗着北欧海岸的两个内海：北海与波罗的海，正像浸洗着南欧海岸的地中海——对地中海说来，北海与波罗的海仿佛是它的耳环——从9世纪中叶到11世纪末叶，呈现着一种与上节所述情况在形式上相异、在实质上相同的情形。在这里，在所谓欧洲的边缘上，我们也发现一种与大陆农业经济适成强烈对照的海上贸易活动。

如前指出，从9世纪北欧海盗侵入以后，肯塔维克与杜斯特得两个海港的活动就停顿了。由于缺乏舰队，加罗林王朝未能像拜占庭帝国抗拒伊斯兰教徒那样，抵抗北方蛮族的入侵。精力充沛的斯堪的纳维亚人充分利用了加罗林王朝的弱点，在半个多世纪中，年复一年地从北方河流的入口和大西洋诸港，对加罗林王朝进行劫掠。不过，诺曼人绝不是单纯的劫掠者。他们是海上的主人，他们能够相互配合进行侵略，并且也是这样做了。他们的目标不是、也不可能是征服，尽管他们在大陆及不列颠诸岛建立了一些居留地。他们以建立居留地为限度。不过，诺曼人侵入到大陆的腹地，主要是为了大规模的劫掠。他们的组织显然是经过周密筹划的，他们从一个作为中心的堡垒出发，在堡垒里收藏着他们从邻近地区劫掠的物品，等待着启运至丹麦或挪威。他们实质上是海盗，而海盗的行为是商业的第一阶段。9世纪末期，劫掠一停止，他们就变成了商人，这是实际情况。

但是，为了了解斯堪的纳维亚人的扩张，必须记着，他们并不是单纯向西方扩张。当丹麦人、挪威人向加罗林帝国、英格兰、苏格兰和爱尔兰进攻的时候，他们的邻居瑞典人就向俄国进犯。瑞典人的侵入俄罗斯，究竟是由于德聂伯流域的斯拉夫诸侯们在与佩彻涅格人作战时，求助于瑞典人，还是由于瑞典人在寻求财物时，循着远古时代希腊商人沿刻索尼斯与亚速海转向波罗的海沿岸寻觅琥珀的自然大道，而自发地闯向拜占庭帝国的黑海沿岸，这在我们看来是无关重要的。只需举出，从9世纪中叶起瑞典人就在德聂伯河及其支流沿岸建立了堡垒，正像他们的丹麦、挪威兄弟们于同一时期在些耳德河、马斯河和塞纳河盆地所做的一样。这些远离祖国的堡垒，斯拉夫人称为“哥罗德”，成了永久性的壁垒。征服者从这里统治并剥削周围不甚好战的人民。在这里，他们收藏着向被征服者及沦为奴隶的人所征收的贡赋，收藏着他们从原始森林中得到的蜂蜜与兽皮。不久，他们所盘踞的这种地位，必然促使他们从事商业活动。

他们所侵入的南俄罗斯，事实上处于两个优秀的文明地区之间。其东方，里海的外边是巴格达的哈里发国家，其南方，黑海浸润着直达君士坦丁堡的拜占庭帝国的海岸。德聂伯河流域的斯堪的纳维亚人，立即感受了双重的吸引力。早在他们到来以前，经常往来于这个地区的阿拉伯商人、犹太商人和拜占庭的商人，就向他们指点了这个他们极愿遵循的道路。他们所征服的土地、物品任凭他们支配，这些物品特别适合同那些过豪华生活的富裕帝国进行交易，例如蜂蜜和毛皮，尤其是为伊斯兰教妇女及大领地所需要的奴隶，这种贸易可以提供像曾经吸引过威尼斯人那样的高额利润。

10世纪时，康士坦丁·波尔菲诺根尼都斯给我们留下了关于斯堪的纳维亚人，尤其是为斯拉夫人所熟悉而称之为“俄罗斯人”的情况，他们的船只于每年解冻后在基辅集合。船队沿着德聂伯河缓缓而下。由于水势湍急，有时需要沿着河岸拉曳而行。[5]抵达黑海以后，就沿着海岸航向君士坦丁堡。君士坦丁堡就是这个遥远而危险的航程的目的地。俄罗斯人在君士坦丁堡占有一个特定的地区，他们与君士坦丁堡的贸易是根据条约进行的，最老的条约可以追溯到9世纪。君士坦丁堡对俄罗斯人的影响是很显著的。俄罗斯人从君士坦丁堡接受了基督教(957～1015年)，又从它那里学习了艺术、书法和货币的使用，并且抄袭了它的很多组织形式。这些就是他们与博斯普鲁斯进行贸易的最显著的证明。同时他们又通过伏尔加河到达里海，与经常往来里海诸港的犹太商人、阿拉伯商人进行交易。

但是他们的活动并不仅限于此。他们把用蜂蜜、兽皮和奴隶交换来的香料、酒、丝织品和金器输送到北方。在俄罗斯所发现的为数惊人的阿拉伯和拜占庭的钱币，证明俄罗斯仿佛是罗盘的中心，从伏尔加河或德聂伯河到德芬纳河或贯穿波的尼亚湾诸湖泊的贸易通道都在这里集中。在俄罗斯，里海、黑海的商业与波罗的海的商业联结起来，并且通过俄罗斯继续发展。斯堪的纳维亚人的航运就这样通过辽阔的俄罗斯大陆与东方世界联系起来。[6]在果特兰发掘出来的伊斯兰教徒的钱币和希腊人的钱币，数量超过在俄罗斯发掘出来的，这似乎可以证明果特兰曾经是这条重要交通线上的转运中心、也是它与北欧的接触点。很可能，诺曼人从英格兰、法兰西劫掠来的战利品，是在这里与从俄罗斯运来的珍贵物品进行交换的。

不过，我们若考虑到10世纪、11世纪时期，即丹麦人、挪威人侵入西方以后，斯堪的纳维亚人航海的惊人进步，便无法否认斯堪的纳维亚人所起的中间人的作用。显然他们已经仿效他们瑞典兄弟的榜样成了商人，不再做海盗了。也许他们是野蛮的商人，一有机会就欲重操旧业。不过，无论如何，他们毕竟是商人，而且还是在公海中航行的商人。[7]他们的无甲板的船只，现在装运着从四面八方运到果特兰去的商品。早在斯拉夫时期，在瑞典沿岸及易北河与维斯杜拉河之间宽广的沿海地带，设立了贸易据点。不久以前在丹麦南部、基尔以北海塔布地方发掘出来的一个商业中心，它的废墟即可以证明它在11世纪时的重要性。[8]这种商业活动自然地扩展到北海港口，这些港口是北方航海者所熟悉的，因为他们曾经长期蹂躏过这些港口的内地。10世纪时，易北河上的汉堡与伐尔河上的提尔，成为诺曼人船只经常往来的港埠。到达英格兰的船只为数更多。丹麦人的贸易使这些船只具有盎格鲁—撒克逊人所无法抗拒的优势。当克努德大帝(1017～1035)把英格兰、丹麦、挪威合并为一个昙花一现的帝国时，这种贸易达到了极盛时代。在波罗的海与北海流域所发现的英格兰、法兰德斯、日耳曼的钱币，证明了从泰晤士河口、莱茵河口到德芬纳河口与波的尼亚湾的贸易。《斯堪的纳维亚传说集》，虽然是较后时期的著作，但是仍然保存着关于冒险航海到冰岛与格陵兰的勇敢水手的故事。勇敢的青年到南俄罗斯去与他们的同胞会合，在君士坦丁堡，皇帝的侍卫队里也有盎格鲁—撒克逊人和斯堪的纳维亚人。总而言之，在这个时期，北欧人所表现的进取毅力与精神，使人们想起了荷马时代的希腊人。他们的艺术具有蛮族性质，但是也由于贸易交往而接受了东方的影响。不过，他们所表现出来的毅力并没有远大的前途。他们的人数太少，无法保持对他们所达到的辽阔地区的控制。当商业发展到大陆，造成了与他们匹敌的航运复兴时，他们不得不屈服于更强大的敌手。

三、商业复兴[9]

欧洲大陆不久就感到了边界上两个巨大的商业运动的压力，一个在西地中海与亚得里亚海，另一个在波罗的海与北海。商业适应着人类追求冒险与喜爱谋利的本性，因此在本质上是具有传染性的，而且，商业具有渗透的本质，能强加在受它剥削的人的身上。的确，由于商业所建立的交换关系及其产生的需要，商业要依靠被它所剥削的人，而且离开了农业，商业是不可能想像的，因为商业本身不生产东西，需要依赖农业供应受它役使和因它而发财致富的人们的粮食。

威尼斯，自从它在不毛的滨海沙岛上建立起来的最初日子起，就有了不可缺少的商业需要。为了谋生，它的最初的居民不得不以鱼和食盐来向大陆的邻居交换他们无法从别处获得的谷物、酒和肉类。但是，当商业使威尼斯日益富裕，人口日益增加，需要日益扩大，营业日益增强时，这种原始的交换就必然逐渐发展。9 世纪末期，威尼斯商业已经支配了韦罗纳地区，尤其是为侵入意大利大开方便之门的波河流域。一个世纪以后，威尼斯的商业关系已经扩展到沿海与内地许多地带，例如帕维亚、特雷维佐、维琴察、腊万纳、切泽纳、昂科纳等城市。

显然，威尼斯人无论走到什么地方，都把他们的商业活动带了过去，使之能适应新的地方的水土。威尼斯商人逐渐找到了追随者。由于缺乏证据，无法追溯在农业居民中散布的商业种子生长的情况。无疑地，仇视商业的教会是反对商业发展的。而阿尔卑斯山以南，主教区之多及其势力之强大又是罕见的。在奥里腊克的圣·格腊耳(死于909年)的传记中，有一段生动的插话，足以证明当时教会的道德标准与营利精神(即商业精神)的不能相容。当这位虔诚的主教从罗马进香回来的时候，他在帕维亚遇见了一些向他兜售东方货品与香料的威尼斯商人。他乘机把他在罗马购买的一件庄严的主教袍展示给商人们看，并且说明他是花了多少钱买来的。但是当商人们祝贺他做了一笔好生意，因为他们认为这件主教袍在君士坦丁堡要花更多的钱才能买到手的时候，格腊耳责备自己欺骗了卖主，他立即把差额寄去，不愿贪便宜而犯贪婪的罪过。[10]

这段插话极其生动地说明了商业复兴在各地引起的道德矛盾。在整个中世纪，这种道德矛盾从未消失。教会自始至终认为商业利润是得救的障碍。与农业文明完全相适应的教会的禁欲观念，促使教会永远怀疑社会变革，而这些变革又是它所无法阻止而不得不服从的，不过教会却从不曾公开同社会变革妥协。教会对利息的禁止，对以后几世纪中的经济生活影响极大。它阻止商人去安然自得地发财致富，并且使商业经营与宗教教规不能调和。要证明这一点，只需读一读很多银行家和投机家的遗嘱，他们在遗嘱中说明应对那些曾受他们欺骗的穷人进行赔偿并把一部分产业捐赠给教会，这些人在内心中总认为他们的财产是非法得来的。如果他们未能克制自己而犯了罪，至少他们的信仰是没有动摇的。他们希望依靠这种信仰可以使他们在最后审判日得到赦免。

但是应该承认，这种热烈的信仰，仍然大大地有助于西方的经济扩展。11世纪初期，当比萨人与热那亚人反抗伊斯兰教徒侵入的时候，这种信仰起了很大的作用。比萨人、热那亚人与充满了营利精神的威尼斯人不同，他们对异教徒的憎恶以及想从萨拉森人手中夺取对第勒尼安海的统治权，是驱使他们的一种力量。在这里，两种宗教之间发生了无休止的战争。最初伊斯兰教徒不断地占优势，在 935 年及 1004 年，伊斯兰教徒两次劫掠了比萨，其企图无疑是想制止比萨人向海上扩张，这种扩张是刚刚开始的无力的尝试。但比萨人决心扩张，一年以后，他们在墨西拿海峡打败了萨拉森人的一个舰队。伊斯兰教徒侵入比萨并毁灭了勇敢的对手的港埠以示报复。但是比萨人一方面有教皇的勉励，另一方面又垂涎于敌人的财富，决定继续进行这场既是宗教性的又是商业性的战争。1015 年，他们与热那亚人联合进攻了撒丁，并在那里立足。1034 年，由于胜利的鼓舞，他们冒险进抵非洲海岸，一度成为波那的主人。稍后，他们的商人不断前往西西里，1052 年，为了保护他们的商人，比萨舰队强行开入巴勒摩港，并且毁灭了巴勒摩的军火库。

从那时起，形势转变为对基督徒有利了。1087 年，向米迪亚进军的远征队出发了。摩德那主教的亲临使远征增加了教会的威严。水手们仰望天使长米加勒与圣彼得在天上领导他们作战。他们攻陷了米迪亚，屠杀了“穆罕默德的僧侣”，毁灭了伊斯兰教寺院，并且强迫被征服者签订一项有利于比萨人的商业条约。这次胜利以后所建立的比萨大教堂，象征着比萨人信仰的完善，也象征着胜利带给他们的财富。装饰大教堂的是珍贵的大理石圆柱、金银的装饰品、紫色帐幔、由巴勒摩与米迪亚劫掠来的黄金。仿佛他们在用教堂的华丽来象征基督徒对萨拉森人的报复。萨拉森人的财富是可诅咒的，但也是十分可羡慕的。[11]

在基督教徒的反击下，伊斯兰教徒失败了，丧失了对第勒尼安海的控制，这向来就成为伊斯兰教的湖泊。1096 年，第一次十字军远征，标志着这种控制权的全部崩溃。1097 年，热那亚人派遣了一支增援的补给舰队，接济围攻安提俄刻的十字军，并于次年从塔尔琴托的波耶蒙获得了商业特权。这是海运城市从圣地沿岸获得一系列特权的开始。

耶路撒冷被攻陷以后，热那亚与东地中海的联系迅速地加强。1104年，热那亚在圣女贞德港占有一块殖民地。鲍尔温国王把该城的1/3、一条沿海的大街、关税收入中的600金比真特让与热那亚人。威尼斯在泰尔、西顿、圣女贞德、卡法等地设立了账房，比萨城日益热心地供应十字军在叙利亚建立的国家。而且，在意大利沿岸开始的商业复兴，很快就赶上了普罗凡斯。1136年，马赛已经占有重要的地位，它的市民在圣女贞德城建立了一个殖民区。在里昂湾的另一面，巴塞罗那的繁荣已经开始，正像从前伊斯兰教徒从事贩卖基督徒为奴隶一样，在西班牙所俘获的摩尔人奴隶，成了巴塞罗那的商品之一。

这样，整个地中海就向西方航运开放了，或者说重新开放了。正像罗马时代一样，这个主要地作为欧洲的海，建立了从一端到另一端的交通。伊斯兰教徒对地中海的利用终止了。基督徒于1022年收复撒丁，又于1091年收复科西嘉，于1058～1090年收复西西里，从而保障了对地中海的控制。尽管土耳其人不久就摧毁了十字军所建立的一些昙花一现的王国，尽管新月旗又于1144年征服埃德萨，于1154年征服大马士革，撒拉丁于1183年占领阿勒颇，又于1187年占领阿克、舒撒勒、恺撒利亚、西顿、贝鲁特、艾斯卡伦，最后又占领耶路撒冷，而且，尽管基督徒作了很大的努力，直到现在仍没有恢复他们在第一次十字军远征时期所取得的对叙利亚的统治，这一切都没有多大的重要。无论它在通史中占什么地位，无论它对世界以后的命运有多大的影响，土耳其人的袭击并未动摇意大利城市在利凡特所取得的地位。伊斯兰教徒新的进攻只到达大陆，土耳其人没有舰队，也没有准备建立一个舰队。意大利人在小亚细亚沿岸进行的贸易，不但对土耳其人无损，反而对他们有利。因为通过这些贸易，由中国和印度商队带到叙利亚的香料，可以由意大利的船只继续运往西方。保持土耳其与蒙古诸国经济活动的航运，是再好不过的事情。

无疑地，意大利的舰队继续积极地与十字军合作，直到1270年圣路易在突尼斯败北才终止。这次败北，十字军远征结束，十字军在政治与宗教领域中受到了决定性的制止。如果没有威尼斯、比萨、热那亚的支持，十字军徒劳无益的冒险是无法维持如此之久的。这种说法是正确的。只有第一次十字军是从陆路出发的。当时无法从海上运输大批人员往耶路撒冷。意大利的船只不过是给军队运送给养。但是，几乎就在同时，十字军对意大利航运的要求，使意大利的航运恢复了难以置信的生命与活力。无论在什么时代，军火商的利润总是极其巨大的。无疑地，威尼斯人、比萨人、热那亚人、普罗凡斯人突然暴富，因而，迅速地增添新的船只。十字军国家在叙利亚的建立，保证了这些交通工具的经常使用，没有这些交通工具，法兰克人就不可能在东方立足。因此，法兰克人毫不吝惜地将许多特权给予这些城市，因为这些城市的服务对他们是不可缺少的，并从 11 世纪末期起，帮助它们在巴勒斯坦与小亚细亚以及爱琴海诸岛的沿岸建立海港与商埠。不久，法兰克人就开始利用这些海港与商埠来进行军事活动。在第二次十字军远征时期，意大利的船只沿着阿纳托利亚海岸，把路易第七与康拉得第三的军队运送到圣地。第三次十字军远征时，意大利与普罗凡斯船舶的吨位增加到足以运送狮心理查与菲力奥古斯都的军队。从此以后，各次远征就完全从海路进行了。威尼斯人利用这种情况把第四次十字军的舰队转变方向开向君士坦丁堡，因为十字军的指挥官们无力偿付议定的运费，不得不把整个远征的指挥权交给威尼斯人，威尼斯人终于利用这个舰队围攻并占领了君士坦丁堡，这是众所周知的事情。当时建立在博斯普鲁斯沿岸的昙花一现的拉丁帝国，主要是威尼斯政策的产物。1261 年，当拉丁帝国被消灭时，威尼斯人不得不容忍热那亚人来与自己争夺在利凡特的经济优势。热那亚人力图恢复迈克尔 · 佩略罗加斯的王室以战胜威尼斯人。

因此，十字军诸役的一个持久的、主要的结果，就是使意大利诸城市，并在较小的程度上使普罗凡斯与卡塔洛尼亚诸城市握有地中海的统治权。虽然十字军没有能够从伊斯兰教徒手中夺回圣地，虽然他们在小亚细亚沿岸及诸岛只保持着他们早期征服的极少数的地方，可是他们不仅使西欧垄断了从博斯普鲁斯、叙利亚到直布罗陀海峡的整个贸易，并且在那里发展了严密的资本主义的经济活动。这种经济活动逐渐传播到阿尔卑斯山以北的一切国家。

直到15世纪，伊斯兰教徒对这种胜利的发展并无反应，但是孤立无援的拜占庭帝国却不得不向它屈服。从12世纪初期起，拜占庭帝国在东地中海的优势已经结束了。在垄断着帝国进出口贸易的海运诸城市的势力之下，拜占庭帝国迅速地衰落。有时，为了摆脱桎梏，拜占庭皇帝企图利用比萨人和热那亚人来反对威尼斯人，像1182年那样容许民众不分青红皂白地屠杀可恶的外国人。但是拜占庭皇帝又不能没有这些外国人，他还得把拜占庭的商业交给他们，而且比17世纪西班牙人把商业交给荷兰人、英国人、法国人来得更彻底。

随着海运商业复兴而来的是海运商业向内地的迅速深入。不仅是农业因市场需要农产品而受刺激，及受交换经济的影响而变成交换经济的一部分，而且还产生了一种新的出口工业。奇妙地处于强大商业中心威尼斯、比萨、热那亚优越地位的伦巴第平原，在这两方面都沾光。乡村与城市同样地发展着生产，前者生产谷物、酒，后者生产麻织品、毛织品。早在12世纪，卢卡就从事于丝织品的生产，原料是从海上运来的。托斯卡那、锡耶纳、佛罗伦萨通过阿诺河流域与比萨交通，分享比萨的繁荣。在热那亚后面，商业活动发展到里昂湾沿岸并及于罗尼河流域。马赛、蒙彼利埃、纳尔榜诸港与整个普罗凡斯的贸易，正像巴塞罗那与整个卡塔洛尼亚的贸易一样。海运国家贸易的活跃达到了这样的程度，以至于11世纪时它开始经过亚平宁山隘向北发展，而亚平宁山隘在10世纪时是被加德—法腊纳的萨拉森人所封锁的，向来很危险。海运国家的贸易，从威尼斯经勃伦纳河、梭恩河到达德国，又经塞普第麦与圣伯纳德河来到莱茵河流域，并经过塞尼山达到罗尼河流域。圣哥达河长期不能通航，最后，在岩石上，横跨山谷架起了悬桥，终于成为一条可以通行的道路。[12]11世纪下半叶，意大利人在法国出现。很可能在这个时期，意大利人经常到香槟的集市来，在香槟，他们与来自法兰德斯的商业汇合。[13]

事实上，在地中海形成的走向胜利进程的经济复兴，与北海沿岸的复兴是相配对的。虽然两者的范围与性质有所不同，但其原因与结果都是一样的。如前所述，北欧人在莱茵河、马斯河、些耳德河三条河流的支流处建立了市场，迅速地吸收了这些河流远近各处的商业。11世纪，提尔已经成为一个许多商人经常往来的地方，并且通过莱茵河流域与至今呈现着活跃景象的科隆、美因兹交通。我们不需要别的证据，只要看一看“赫尔斯菲德的兰伯特”曾于1074年提到提尔有600多名最富裕的商人，这就足够了，虽然我们可以怀疑这个数字，而且也不知道编年史家所采用的富裕标准是什么。[14]在同一时期，马斯河流域也发展了一种商业，其活动沿着马斯特里赫特、列日、惠伊、迪囊远至凡尔登。些耳德河使康布雷、瓦郎西延、土尔内、根特、安特卫普诸城市与北海及流向西兰群岛的诸大河流发生交通。现在已经淤塞了的布鲁日港位于次温湾，从11世纪末起成为船只停泊的要港，这就保证了这个城市在以后的繁荣。

无疑地，19世纪末，斯堪的纳维亚的商业使法兰德斯与北海及波罗的海国家保持密切的联系。在丹麦、普鲁士甚至在俄罗斯都发现了伯爵安诺尔德第二与伯爵鲍尔文第四(965～1035年)所铸造的钱币。斯堪的纳维亚与英格兰的贸易当然更为活跃。根据991年至1002年伦敦的关税记载，当时在伦敦从事贸易的外国人中有法兰德斯人。[15]海峡上的贸易不及北海上的贸易频繁，但是在海峡上进行着诺曼底与英格兰海岸之间的正常贸易。这种贸易是通过卢昂与塞纳河口，然后沿着河流到巴黎、香槟、勃艮第而进行的。至于卢瓦尔与加龙，由于它们距离较远，直到后来才受到北方诸海商业复兴的影响。

法兰德斯不久就处于特权地位，并且把这个地位保持到中世纪末期。在法兰德斯出现了一个新的因素——工业。其他的地方，工业发展没有这样早，也没有如此显著的结果。早在凯尔特时代，利斯河与些耳德河流域的摩里尼与蒙那皮已经在制造羊毛织品，他们利用本国富饶草地上放牧的羊群提供原料。在罗马长期占领时代，征服者把地中海的技术方法介绍给他们，他们的原始的毛织品工业就因此发展到了十分完善的程度。由于进步神速，2 世纪时，法兰德斯的毛织品出口已经远及意大利。[16]5 世纪侵入法兰德斯的法兰克人，继续保持了法兰德斯的传统。直到 9 世纪诺曼人到来时，弗里斯兰的水手还定期地沿着尼德兰诸河流运送法兰德斯名为弗里斯兰毛料的毛织品，其色泽鲜明，远近驰名，以至于查理曼除此以外再找不到别的礼品送给伊斯兰教国王哈努恩—阿尔—拉斯希德。[17]斯堪的纳维亚人的入侵所造成的商业破坏，当然使这种输出陷入停顿。可是，10 世纪时期，这些海盗也变成了商人。他们的船只重新出现于马斯河与些耳德河找寻商品，于是毛织品又获得了市场。不久，这种毛织品的精致，很快就使诺曼水手们航行所到的一切海岸都需要它们。为了满足这种需要，毛织品的生产达到前所未有的发展规模。10 世纪末期，法兰德斯出产的羊毛已经不能满足需要，不得不从英格兰进口羊毛。英格兰羊毛质地优良，当然也改进了毛织品的质量，因此声誉日著，销路日广。在 12 世纪，整个法兰德斯成了纺织匠与漂染匠的国家。在此以前，毛织品的制造在乡村进行，现在则集中于四通八达的商业城市，并且供应了商业上日益增长的需要。毛织品工业创造了根特、布鲁日、伊泊尔、里尔、杜埃、阿腊斯等地的原始财富。毛织品原是海上贸易的一种重要商品，现在也成了陆路上一种极重要的贸易。从 12 世纪初期起，法兰德斯的毛织品由海路远销至诺夫哥罗得，[18]而意大利人则把他们从阿尔卑斯山以南输入的香料、丝织品、金器运到这里来交换毛织品。不过，法兰德斯人自己也常常到位于北海与阿尔卑斯山之间著名的香槟集市去，在这里，他们遇见从伦巴迪亚与托斯卡那来的买主，后者就把大批法兰德斯的毛织品运到热那亚，再改称为“法兰西呢绒”，由海路运往利凡特诸港。

自然，制造毛织品的地方，并不限于法兰德斯一地。纺织在史前时期就存在，本来就是一种家庭职业。哪里有羊毛，哪里就存在纺织业，也就是说纺织业存在于一切国家。只需刺激它的生产，改善它的生产技术，就可以使它成为一种真正的工业。这是不可忽视的事实。13世纪时，热那亚的公证证书曾提到运销毛织品到这个港口的城市有：亚眠、博韦、康布雷、列日、蒙特勒伊、普罗凡斯、土尔内、夏龙。不过，法兰德斯，不久以后还有它的邻居布腊班诗，在竞争中占有无可匹敌的优越地位。由于它们与英格兰距离较近，可以在优厚的条件下获得大量质地优良的羊毛。13世纪时法兰德斯毛织品工业的无比优越性也反映在外国人对它的赞扬里。在中世纪欧洲的全部历史中，没有任何其他地方像些耳德河流域这样呈现着工业国家的性质。在这方面，它与欧洲其他部分形成对照，使人们想到17、18世纪的英国。法兰德斯毛织品的精致、柔软和色泽为任何其他地方所不及。法兰德斯与布腊班特的毛织品的确漂亮。它的成功及其在世界范围的销售有赖于此。在那个时代，交通工具的发展，尚不能适应低廉与笨重物品的交流，当时在国际贸易中占首要地位的，就是价值高、重量中等的商品。简言之，法兰德斯毛织品的成功，与香料相似，都是由于价格高，运输方便。

法兰德斯与布腊班特的工业愈发展，它们对于海上贸易的兴趣愈来愈小，尽管它们所处的地理位置决定它们向这方面发展。这与意大利城市适成强烈的对照。法兰德斯和布腊班特把海上贸易交给由于它们的工业吸引到布鲁日的、数目日益增多的外国人——11世纪的斯堪的纳维亚人以及较后的汉撒人。如果说，可以拿现代与中世纪作个比较的话，从相对的经济发展看来，法兰德斯、布腊班特与现代的比利时有相似之处。在曾经由法兰德斯人与布腊班特人占据过的比利时，今日不也呈现着极端发展的工业生产力与比较不重要的海运相结合的奇特现象吗?

注　释：

[1] 书目提要：参见书末总书目提要中海德与舒布的著作。克列特斯玛尔：《威尼斯史》，三卷本，果塔，1905～1934年版。海南：《威尼斯资本主义的形成》，斯图加特—柏林，1905年版。勃伦塔诺：《拜占庭的国民经济》（《立法、行政等年鉴》，1917年，第41卷）。皮朗：《中世纪城市的起源及商业复兴》（普林斯顿，1925年法文版，哈尔西

英译)。《中世纪城市》，布鲁塞尔，1927 年版。

[2] “奴隶”一词，正是来自“斯拉夫”一词。——作者

[3] 前引海南：《威尼斯资本主义的形成》，第 82 页。最早的例证是 1110 年的，但是显然在此以前就有了。

[4] 书目提要：布格：《中世纪初期之北欧交通与北欧海盗对欧洲商业及航运的影响》(《社会经济史季刊》，1906 年第 4 卷)。孚格尔：《德意志海洋航运史》，柏林，1925 年版。库利希：《俄罗斯经济史》，第 1 卷，柏林，1915 年版。巴贝隆：《十字军远征前阿拉伯人在北欧的商业》(《东方学术》)，巴黎，1882 年版。蒙特留：《瑞典文化史》，莱比锡，1906 年版。施特拉塞：《北欧海盗与诺曼底人》，汉堡，1928 年版。

[5] 汤姆逊：《俄罗斯国家的起源》，果塔，1879 年版，第 55 页以下。伦德尔编：《东方研究资料》(乌布萨拉、巴黎、莱比锡 1914 年版)，中阿尔纳：《瑞典与东方》。

[6] 关于在俄罗斯发现阿拉伯、拜占庭货币一事，参见前引阿尔纳：《瑞典与东方》。又见瓦斯麦：《在白俄罗斯老德丁村所发现的一个库法钱币的窖藏》(《斯德哥尔摩历史研究所论文集》，1929 年)。

[7] 摩洛：《圣·安夏尔》(鲁文，1930 年版)一书中有关于 9 世纪瑞典商业的有趣材料。

[8] 希尔，普尔逊：《法兰克·萨克森与北欧交往关系中斯列什威-海塔布问题上的研究资料》，基尔，1930 年版。

[9] 书目提要：参见第一章第一节书目提要中海德、舒布、克列去玛尔、皮朗的著作。曼弗洛尼：《野蛮人入侵至宁戴奥条约订立期间意大利海运史》，第 1 卷，利伏奈，1899 年版。卡洛：《热那亚与地中海霸权》，两卷本，哈勒，1895～1899 年版。布腊提昂诺：《13 世纪热那亚人在黑海商业活动的研究》，巴黎，1929 年版。萨育：《1050～1150 年间资本在威尼斯地方生活及对外贸易中的地位》(《比利时语文学、史学杂志》，1934 年第 13 卷)。贝尔纳：《12、13 世纪时热那亚的航运》，马萨诸塞，剑桥，1930 年版。戴维逊：《佛罗伦萨史》，第 1 卷，柏林，1896 年版。萨育：《12 世纪以后欧洲人在突尼斯的贸易》，巴黎，1929 年版。贝尔纳：《热那亚在叙利亚的殖民地》(载于献给门罗的《十字军及其他历史论文》中，纽约，1928 年版)。德·马拉特利：《中世纪基督徒与北非阿拉伯人交往中的和约及商业条约》，巴黎，1866 年版。皮朗：《比利时史》，第 1 卷，布鲁塞尔，1929 年，第 5 版。哈普克：《布鲁日在中世纪世界商场上的发展》，柏林，1908 年版。皮朗：《佛里斯兰的呢绒还是法兰德斯的呢绒?》。雷诺兹：《阿拉斯商人及其与热那亚的陆上贸易》(《比利时语文学、史学杂志》，1930 年第 9 卷)。《1179～1200 年热那亚的北方纺织品市场》(同上，1929 年第 7 卷)。卢索：《马斯河与比利时的摩泽尔河流域》(《那慕尔考古学会年鉴》，1930 年第 39 卷)。

[10] 《奥里腊克民会创始人圣·格腊耳传》(克路尼的奥多约于 925 年所写。收在米格内编：《拉丁教父传》内，第 133 卷，658 行)。这事可参看甘旭夫：《约尔加丛编》，巴黎，1933 年版，第 295 页。

[11] 梅利尔：《中世纪流行的拉丁诗歌》(巴黎，1847 年版，第 251 页)。书中有一首诗，有助于了解宗教狂热在比萨远征中所占的重要地位。

[12] 这是我们所知道的第一座吊桥。大约建造于 13 世纪初。

[13] 见 1074 年 9 月 10 日教皇格里哥利七世写给法兰西大主教与主教们的信。在信里，格里哥利七世谴责国王腓力普一世盗窃了“最近从许多地方到法兰西的一个市场上来的商人……采取了一种掠夺无以计数的钱财的方式”(卡斯帕：《格里哥利七世函牍》，第 131 页)。在第二封信中，教皇把商人称为“意大利商人”(同上书，第 150 页)。在第三封信中，他又提到意大利及其他领土上来的商人(同上书，第 168 页)。教皇格里哥利七世反复提到商人，也许可以证明当时国际贸易的发展。如果照前引舒布：《中世纪至十字军末期拉丁民族商业史》，第 91 页，把伦迪这个不重要集市发生的事件当作是偶然的，那就很难解释商人所受的巨大损失。

[14] 霍尔德-埃格编：《赫尔斯菲德的兰伯特文集》，第 192 页。

[15] 利伯曼：《盎格鲁—撒克逊的法律》，第 1 卷，第 232 页。

[16] 朱利昂：《高卢史》，第 2 卷，第 282 页以下。

[17] 皮朗：《佛里斯兰的呢绒还是法兰德斯的呢绒?》。

[18] 皮朗：《12 世纪初从伊泊尔运销诺夫哥罗得的毛织品》(《比利时语文学、史学杂志》，1930 年第 9 卷，第 563 页)。

第二章

城　市

一、城市生活的复兴[1]

当地中海的商业继续把西欧吸入自己的势力范围的时候，高卢与意大利、西班牙、非洲的城市生活继续发展。但是当伊斯兰教徒入侵、征服非洲与西班牙沿岸，封锁了第勒尼安海的港埠的时候，城市的活动迅速地消逝。除了在南意大利及威尼斯，由于拜占庭的贸易，城市活动继续存在，其他各处的城市活动都不见了。城市虽然还存在着，可是它已经失去了工匠和商人居民以及罗马帝国残存下来的市政组织。

每一个有主教驻节的“城市”，现在只不过是教会的行政中心。从宗教的观点说来，它无疑还保持着相当的重要性，不过在经济上毫无重要性可言，充其量只是一个由附近农民供应的小的地方市场，向大教堂及其所属的教堂和修道院的大批教士以及他们所雇佣的奴隶提供日用必需品。在一年一度的重大节日里，教区居民和香客都拥到城市里，显得相当活跃，但是，这里决看不出商业复兴的任何迹象。事实上，这些教区城市不过是依赖乡村为生。居住在教区高墙内的主教与修道院长，依靠他们拥有的领地的地租和税收过活，因此，他们主要依靠农业为生。 城市不仅是宗教的中心，也是庄园行政的中心。

在战争时期，这些旧城堡就成了附近居民的避难所。 随着加罗林帝国解体而开始的不安定时期内，南方有萨拉森人入寇，北方与西方有诺曼底人的侵扰，加上10世纪初叶又遭受匈牙利骑队的可怖袭击，人们迫切需要保护。 这些侵略促使在各地建立新的避难所。 在这个时期，西欧遍布着设防的城堡，都是由封建诸侯所建立，作为他们臣民的安身之处。 这些城堡照一般的称呼就是“堡”，通常是由泥土或石头筑成的壁垒，外面围以壕沟，并且开有许多城门。 他们征派附近的维兰来修建和维护城堡。 在城堡里驻屯着一队守备的武士，有作为领主住宅的主楼，有一所为照料宗教需要的教堂，也有仓库，收藏谷物、熏肉以及从庄园农民那里征收来的各种实物，这些东西用以供养守备队，但是在危急的时候，也用来供应那些驱赶着牲畜进入城堡的人们。 因此，世俗的城堡与教会的城市一样，都依靠土地为生。 两者都没有自己的实际的经济生活。 它们完全适合于农业文明，因为它们完全不是反对农业文明而是保障农业文明。

但是，商业复兴迅速地完全改变了它们的性质。 10世纪下半叶，改变的初步征兆已经显露。 商人的流浪生活，在小贵族把劫掠当作谋生手段的时代，商人遭受的各种危险，促使他们一开始就寻求城堡的保护。 城堡分布在商人旅行所经过的河流沿岸或自然的道路上。 在夏季，城堡成了他们休息的地方，在冬天，城堡成了他们过冬的场所。位置最优良的城堡是在河口、河湾、两条河流的汇合处，或在河流不能通航，货物必须起岸才能继续前进的地方。 这些城堡就成了商人和商品经过或寄寓的地方。

随着商业的发展，新来的人不断增多，这些城市与城堡向他们提供的地方日益不敷。 他们被迫在城外定居，在旧的城堡外面建造新的城堡，或者用一个恰当的名称——“外堡”。 这样，在教会城市或封建城堡的附近，兴起了商人的居住地，这里的居民所过的生活与城市里面的居民所过的生活迥然不同。 10世纪与11世纪的文件中，常用“商埠”

一词来称呼这些居住地，十分确切地说明了它们的性质。[2]事实上，它们并不是现代意义的商埠，它们只是商品通过的地方，是极其活跃的转运地。在英格兰与法兰德斯，居住在这种商埠的人，就被称为“商埠人”。长久以来，“商埠人”一词被解释为市民或城堡居民的同义语。的确，用“商埠人”一词来形容居住在商埠的人比用“市民”一词更为适当，因为其最初的市民完全是依靠商业为生的。11世纪末期以前，商埠人也被称为“市民”，而“市民”一词本来是指居住在旧城堡的人，商埠人定居在城堡之外，为什么也被称为“市民”呢？这是因为商人集团筑起了城墙或栅栏来保护自己，他们居住的地方也变成了一个城堡。新城堡立即使旧城堡黯然失色，因此“市民”一词的引申是不难理解的。在商业生活最为活跃的中心，例如布鲁日，12世纪初，新的城堡就四面八方地包围了旧城堡，并且把旧城堡作为核心。附属的变成了主要的，新来者胜过了老居民。从这个意义上说，中世纪的城市及现代的城市起源于城市的外堡，或由城堡决定它的地位，这种说法是完全正确的。

商人在有利地点的集合，不久也引起了工匠们在那里的集合。工业的集中与商业的集中同样地古老。在法兰德斯，这种情况尤为明显。本来在乡村进行的呢绒制造业迁移到了利于产品销售的地方。在这些地方，纺织匠可以得到由商人输入的羊毛，漂匠与染匠可以得到由商人输入的肥皂与染料。不幸，我们对于这种由乡村工业到城市工业的转变而产生的工业革命，缺乏详细的材料。截至当时为止，由妇女们担任的纺织业，转到了男子手中，同时大幅的呢绒取代了旧的零星小块。这样的呢绒宜于出口。今日制造的呢绒还保持着这种大小。如果我们考虑到经线由20厄尔扩为60厄尔以适于横轴，那么有理由可以认为，当时纺织匠所用的纺织机也发生了变化。

在马斯河流域的冶金工业中，也发生了类似法兰德斯呢绒工业中所起的变化。这里制铜业的起源可以追溯到罗马占领时代蓬勃发展的青铜业。由于河上的航运复兴为这种生产开辟了输出的机会，制铜业受到了强大的刺激。制铜业集中于纳缪尔、惠伊尤其是迪囊等地方，11世纪时，这些地方的商人曾经到萨克森的矿地去寻求铜矿原料。[3]同样，盛产优良石料的土尔内地区也进行着采石工业，洗礼盆的制造十分活跃，远至骚桑普敦和温契斯特[4]都有它们的踪迹。在意大利，情况也是一样。从东方经过海路而引进的丝织业集中于卢卡，而米兰与伦巴第诸城市以及迅速摹仿它们的托斯卡那则致力于麻织品工业。

二、商人与市民阶级[5]

在农业社会里的新兴城市中，其商人和工匠与在农业社会中的重大差别，就在于商人与工匠的生活不再决定于他们与土地的关系。从这一点说来，他们形成了一个名副其实的脱离土地的阶级。直到这时为止，受雇于大地主，由大地主保障其生活的庄园代理人所断断续续经营的工商业，现在变成了独立的行业。这时从事工商业者毋庸置疑是一些“新人”。往往有人认为，这些“新人”是出身于庄园内家庭作坊的工匠，或是出身于农奴，他们在歉收时期供养领主家属，在丰收时期向外处理庄园的剩余产品。[6]但是并没有材料可以证明这种演变。这种演变是不可能的。没有疑问，不少地方的领主在新兴的城市中于相当长的时期内，保持了他们的经济特权，例如：强迫市民使用领主的炉灶与磨坊，葡萄收获期以后，领主的酒垄断市场一个时期，甚至于还向手工业行会征收捐税。但是，这些权力的地方性的保留，并不能证明城市经济源起于庄园。相反地，我们发现，城市经济最初就是在一种自由的环境中出现的。

紧接而来的问题就是：在闭塞的乡村社会里，奴隶制度已成为人们的正常状态，如何产生了自由的商人与工匠阶级？材料的缺乏使我们无法确切地回答这个问题，但是这个问题的重要，正要求我们有确切的答复。不过，我们至少可以提出一些主要的因素。首先，无疑地，商业和工业最初从没有土地的人们中间获得发展。这些人在以土地为唯一生存基础的社会里，可以说，是生活在社会的边缘的。现在，他们人数众多，除了在饥荒或战争时期离开故乡谋生而不再返回乡井的人们以外，还有庄园无力供养的一些人。农民领有的土地仅够缴纳常规的租税。子女过多的农民，他们的次子、幼子往往被迫离开父亲，以使父亲能够继续向领主缴纳租税。这样，他们扩大了乡村中的流浪汉队伍。他们从一个寺院流浪到另一个寺院，领取寺院为穷人准备的施舍物。他们在一般收获期或葡萄收获期受雇于农民，在战争时期，他们则投身于封建军队当雇佣兵。

他们迅速利用了到达沿海和河口的船只与商人提供给他们的新的谋生手段。他们中间一些富有冒险精神的人，一定会受雇于威尼斯和斯堪的纳维亚的船只充当水手，其余的则参加了日益频繁地来到诸"港埠"的商队。他们中间的最优秀者，如果交上好运，必然会抓住机会发财致富，这是商业生活向这些以全部精力智慧投入商业中的流浪汉和冒险家提供的无数机会。即使我们没有芬夏尔的圣哥德里克故事里提出的"新富"形成的可贵例证，也有充分的可能性使我们得出事实的真相来。[7]哥德里克于11世纪末年出生于林肯郡的一个贫农家里。他被迫离开父母的土地以后，无疑地必须千方百计谋生，正像每一时代的许多不幸者一样，他变成了埠头上的流浪汉，寻找由波浪冲来的遇难船只的漂泊物。遇难的船只很多，有一天哥德里克交上好运，发了一笔横财，置备了商贩的一套货物。当他遇见一个商队并且参加进去的时候，他已经积蓄了一小笔钱。他们的生意兴旺，不久，他就获得足够的利润使他能与别的商人合伙，共同装载了一只船，在英格兰、苏格兰、法兰德斯、丹麦沿岸从事贸易。合伙的生意日益兴隆。他们经营的方法是把海外缺乏的东西运到海外去，再运一些货物回来，把运回的货物输送到需要最大、获利最高的地方去。

哥德里克的故事，当然也是许多别人的故事。在地方性的饥荒不断发生的时代，人们只需在丰收的地区廉价购买少量的粮食，就可以获致巨大的利润，并且可以利用同样的方法利上加利。作为此种商业起点的这类投机，大大地有助于最初的商业财富的形成。一个小商贩、一个水手、一个船夫或码头工人的积蓄，就可以作为足够的资本，如果他知道怎样利用的话。[8]土地所有者有时也偶然把收入的一部分投入海上贸易。利古里亚海沿岸的贵族垫出必要的款项来建造热那亚的船只，因而分享了在地中海各港埠出售货物所得的利润，这是可以肯定的。在意大利其他的城市里，一定也有同样的事情发生。当我们发现意大利的大部分贵族，与阿尔卑斯山以北他们的兄弟不同，一直居住在城市里时，就更倾向于作出此项假定。若干贵族对他们周围发生的经济复兴有些感到兴趣，这种假定是很自然的。在这种场合，土地资本无疑地有助于流动资本的形成。不过，土地资本是次要的。尽管土地资本因贸易复兴而获利，但是贸易的复兴并不是由土地资本造成的。

最初的推动力来自外界，在南方是威尼斯的航运，在北方是斯堪的纳维业的航运。凝固于农业文明中的西欧，倘若没有外界的刺激和范例，是不能如此迅速地习惯于一种新的生活的。教会是当时最为强大的土地所有者，其对商业的态度，不只是消极，而是积极的仇视，就是一个充分的例证。如果说，商业资本主义的起源部分地为我们所忽视，可是追踪商业资本主义在12世纪所经历的演变则是比较容易的事。从商业资本主义在12世纪发展的气势和相对速度看来，拿它与19世纪的工业革命相比拟，并无夸张之处。展现在没有土地的流浪汉面前的新生活，由于它所提供的获利的希望对流浪汉具有不可抗拒的吸引力，因而产生了从乡村向新兴城市的真正移民活动。不久，流入新兴城市的，就不限于哥德里克式的流浪汉。其吸引力的巨大，使许多农奴逃离他们出生的庄园，到城市里定居下来，充当工匠，或充当闻名全境的富商的雇工。领主追捕这些逃亡的农奴，如果追着了就把他们带回领地，但是很多逃亡者都逃过了领主的追捕。而且当城市人口日益增加的时候，企图捕拿受城市保护的逃亡者，是很危险的事情。

由于工业集中于城市，因此工业能日益大规模地为城市的出口贸易提供产品。随着商人数目的稳步上升，商人营业的重要性与利润也日益增加。在商业发展的时候，青年人不难找到工作，如充当有钱主人的助手，或者合伙参加主人的营业，最后独立经营而致富。康布雷主教们的记事录里，曾经详细地讲述了一个名叫魏令波尔的故事。魏令波尔在柏卡德主教时期(1114～1130年)为一个富商服务，后来同富商的女儿结婚，并把富商的经营大为扩充，自己也成为富商。他在城市里买了大批地皮，建筑了一座高大的房屋，包揽了一个城门的税收，自己花钱筑了一座桥梁，最后并将其财产的大部分捐献给教会。[9]

在这个时期，大财产的建立是一切正在发展其对外贸易的商业中心的共同现象。正像昔日的土地所有者把土地施舍给寺院一样，商人们现在用他们的财富来建立乡村教堂、医院、救济所，简言之，为了同胞的利益，为了自己灵魂的幸福，在宗教慈善事业上花钱。的确，宗教也许大大刺激了许多商人去攫取财富，然后再把它奉献给上帝。不应忘记，1173年创办里昂贫民院的彼得·华尔多就是一个商人，这个贫民院不久变成了华尔多教派。差不多在同一时期，圣法兰西斯出生于亚昔西的另一个商人家里。[10]其他比较沉溺于世俗奢望的新富们，则把女儿嫁给武士，以此来提高自己的社会地位。他们的财富一定巨大到足以消除武士对他们所怀的贵族式的厌恶感。

这些大商人，或者说这些新富们，自然是市民阶级的领袖，因为市民阶级本身就是商业复兴的产物，而最初“商人”与“市民”两个名词就是同义语。不过当它发展成为一个社会阶级时，市民阶级就变成了一个具有高度特性的合法的阶级。这就是我们现在所要研究的。

三、城市的制度与法律

市民阶级的需要和倾向同西欧的传统组织是这样的不相称，以致立即引起了猛烈的反对。他们与当时的社会利益及思想针锋相对。当时的社会，物质上由大土地所有者所控制，精神上由对商业极端仇视的教会所控制。[11]把这种不证自明的反对，归咎于“封建的暴虐”或“宗教的傲慢”是不公正的，而人们时常持有这种看法。因既存秩序而得到好处的人，照例是要顽强地保卫既存秩序的，这不仅由于他们要保障自己的利益，同时也由于他们认为既存秩序对保障社会安全是不可少的。此外，市民阶级本身对这个社会远没有采取革命的态度。他们认为地方诸侯的权威、贵族的特权尤其是教会的特权都是当然的。他们甚至承认与他们的生活方式显然矛盾的禁欲主义的道德。他们只希望在日光之下有一个地位。他们的要求只限于他们所最不可缺少的需要。

市民阶级最不可少的需要就是个人自由。没有自由，那就是说没有行动、营业与销售货物的权利，这是奴隶所不能享有的权利，没有自由，贸易就无法进行。他们要求自由，仅仅是由于获得自由以后的利益。在市民阶级的思想里，根本没有把自由视为天赋权利。在他们看来，自由不过是一种很方便的事情。此外，他们之间有不少人事实上已获得了自由。他们是移民，来自远方，他们的领主无法把他们找回去。尽管他们不是自由的父母所生，可是他们的奴隶身份已经不可能恢复了，所以他们当然是自由人。不过，事实必须变成权利。对在城市定居，追求新的生计的农奴说来，他们必须感到安全，不担心被强制送回他们所逃出的庄园。他们必须摆脱奴隶所担负的劳役和一切可憎恨的义务，例如只能同本阶级的妇女结婚，必须将所继承财产的一部分交给领主。不管怎样，在12世纪时期，这些要求往往有危险的暴动作为后盾，因此不得不被承认。最顽固的保守者，如1115年的吉尔伯·德·诺根用文字表示他的仇恨，咒骂农奴们所建立起来的逃避领主统治和废除领主最合法权利的“可恶市区”。[12]自由成为市民阶级的合法身份，但是它不仅是一种个人的特权，同时也是城市土地所具有的地区特权，正如同庄园土地上的奴隶制度一样。为了取得这种权利，必须在该城市的范围以内居住一年零一天，正如德国谚语所说：“城市空气使人自由。”

如果说自由是市民的第一需要，那么他们还有别的一些需要。传统的法律，程序拘泥而狭隘，仍使用神判法、司法决斗，其法官是从农村居民中选拔出来的，这种法律只是一些逐渐形成的惯例，其作用是处理以耕种土地或以土地所有权为生的人们的关系，这种法律不能适应以工商业为生计的人们。需要有一种更为灵活的法律，一种更为迅速、更不依赖偶然性的证明方法，需要熟悉受审者的职业情况，能够凭借对案情的知识迅速结束争论的法官。在较早时期，或最迟在11世纪初，由于环境的需要，产生了一种萌芽性的商法。这是商业活动所形成的一些常规的汇编，是商人们在交易中所通用的一种国际惯例。由于缺乏合法的效力，在当时的法院中无法接受这些惯例，因此，商人们同意从他们中间选出能了解他们的争论并能迅速予以处理的仲裁人。无疑地，我们必须从这里来追溯某些法庭的起源。在英国，这种法庭有一个很生动的名称叫“灰脚法庭”，这是因为到法庭进行诉讼的商人，脚上还沾染着旅途的灰尘。[13]不久，这种特别法庭就成为公众权威所认可的固定的法庭。1116年，法兰德斯伯爵在伊泊尔废除了司法决斗，相信就在同时在他自己所统辖的大部分城市中，设立了从市民里选出的市参事会的地方法庭，只有这样的法庭才有资格对市民进行裁判。在所有的国家里，都先后设立了这样的法庭。意大利、法兰西、德意志、英格兰的诸城市都获得了司法自治，使它们成为超然于地方惯例之外的司法独立的地方。

随着司法自治而来的是行政自治。由于城市集团没有传统的统治者，而且传统的统治者既缺乏手段，又没有帮助他们的意图，城市集团不得不为自己提供一系列的防御措施。市民阶级凭着自己的努力，在11世纪时期，已经使市政组织粗具规模。12世纪时他们已经掌握了一切主要的市政机构。这是市民阶级的能力与创造性的强有力的证明。这些工作是开创性的工作，所以尤其值得羡慕。他们所要应付的是新的需要，在既存的制度里，没有什么可供他们效法的。

防御也是最迫切的需要。商人及其商品确是最富有诱惑力的掠夺品，必须建造坚固的城墙来保护他们免受劫掠。因此，城垒的建造是市民担负的第一项公共工程，直到中世纪末年，城垒的建造一直是城市最沉重的财政负担。事实上，也许这就是城市财政组织的起点，例如在列日，商业税一直被称为“城防费”，又如在若干城市中，往往把市法院所征收罚款的一部分拨为修缮城垒的经费。今日的许多市徽上，四周环绕着一圈城垒，说明了城垒的重要。在中世纪，没有不设防的城市。

必须筹措款项，以供设防的经常费用，最方便的方法就是向市民本身去筹措。所有的市民都关心共同的防御，大家都必须担负防御的经费。每个人担负的数额根据其财产来决定。这是一个伟大的革新。因为纳税者这时是根据自己的能力为公共事业纳税，而不是为诸侯的个人利益缴纳专断的封建税收。这样，税收就恢复了它在封建时期所丧失了的公共性质。为了估定与征收这种税款，为了应付随着城市人口增加而产生的不断增长的需要，例如码头与市场的建造，桥梁与市区教堂的修建，同业行会的管理，粮食的分配，于是设立或选举市参事会很快就成为必要了。这种市参事会在意大利和普罗凡斯称为 consuls，在法国称为 jurés，在英国称为 aldermen。伦巴第诸城市的市参事会出现于 11 世纪，早在 1080 年，就有人提到卢卡的市参事会。12 世纪时，各处的市参事会都成为公众权力机关所承认的组织，并且成为每一个城市中相沿的制度。在许多城市里，例如在尼德兰诸城市里，参事既是市民的法官又是行政官。

世俗的诸侯很快就发现了城市兴起对他们的好处。因为随着城市水陆两路的商业发展，交易的增加，要求货币有相应的增加，从各种税收、各铸币厂所得到的收入，自然日益增多地流入诸侯的财库。因此，封建领主对市民采取一种亲善的态度，这是不足为奇的。而且，封建领主们一般都居住在自己的乡村堡垒里，与城市居民没有接触，由此避免了许多冲突。宗教诸侯的情况就完全不同了。宗教诸侯几乎一致反对城市运动。这种反对有时发展为公开冲突。由于主教们必须居住在教区行政中心的城市里，他们必然要保持自己的权威，竭力反对市民阶级的野心，尤其是因为这些野心是由教会向来所怀疑的商人所领导而鼓动的。11 世纪下半期，帝国与教会的争执，使伦巴第的城市居民乘机反对买卖圣职的主教们。这个反对运动从伦巴第经过莱茵河，一直扩大到科隆。1077 年，康布雷城市发生了反对主教格拉德二世的暴动，建立了阿尔卑斯山以北最古老的“自治城市”。在列日教区也发生了同样的事情。1066 年，狄奥都主教被迫同意以自由宪章颁发给惠伊的居民。这是比帝国境内其他地方所保存下来的宪章还要古老的宪章。在法国，博韦大约于 1099 年，努瓦荣于 1108～1109 年，郎城于 1115 年都有暴动的记载。

这样，城市在 12 世纪初及整个 12 世纪，用公正的手段，也用不公正的手段，用武力，也用和平的方法先后获得了适合于居民生活的城市组织。起源于商人与工匠聚居的“新城堡”或商埠的城市，不久就把“旧城堡”与“城市”的居民包括进去了。“旧城堡”与商埠在新的居民区的包围之下，它们的城墙像旧的法律一样，终于被废弃。自此以后，所有居住在城墙范围以内的人，除了教士以外，都享有市民的特权。

的确，市民阶级的特点，是它在其他居民中成为特权阶级的这个事实。从这种观点说来，中世纪的城市与古代及现代的城市形成强烈的对照。古代城市与现代城市的不同，只是在于现代城市人口的稠密与行政组织的复杂，除此以外，无论在公法或私法方面，都没有使它的居民在国家里占有一个特殊的地位。中世纪的市民与此相反，是一个与城墙以外所有的人完全不同的人。一离开了城门与壕沟就是另外一个世界，或者说得更确切一些，就是另一种法律的领域。取得市民资格，与受封为武士或出家为僧侣一样，意味着取得一种特殊的法律地位。像僧侣与贵族一样，市民也属于一个特殊的等级而不受普通法律的约束。这个等级后来便被称为“第三等级”。

城市领域和它的居民一样，也享有特权。它是一个避难所，一个“特许地”，保护着逃离城市外面的统治而到城市来避难的人，类似教会保护避难者一样。总之，无论从哪一方面说来，市民阶级是一个特殊的阶级，每一个城市可以称为一个小的国家，热衷于自己的特权，敌视它的一切邻人。共同的危险或共同的目的，很少能使城市的自我主义有所约束而缔结同盟或联盟，像德国的汉撒同盟那样。一般说来，城市的政治是由自我主义决定的，正类似后来刺激国家政治的那种神圣的自我主义。对市民说来，乡村居民存在的目的只是为了被剥削。他们不允许乡村居民享受他们已取得的特权，且经常顽固地拒绝乡村居民分享这种特权。中世纪城市继续采取排他性来捍卫其特权，特别在城市由同业公会统治的时代更是如此，再没有别的东西比这种排他性更违背现代的民主精神。

注 释：

[1] 书目提要：皮朗：《中世纪城市》，布鲁塞尔，1927 年版。贝洛：《德意志城市宪章的起源》，杜塞尔多夫，1892 年版。赫格尔：《中世纪日耳曼民族的城市与行会》，第 2 卷，莱比锡，1891 年版。《德意志市政的产生》，莱比锡，1898 年版。库特根：《德意志城市宪章之起源的研究》，莱比锡，1895 年版。里乞尔：《德意志土地上的市民资格》，莱比锡，1894 年版。《市场与城市的法律地位》，莱比锡，1897 年版。拜亦尔：《城市宪章中的基本问题》(《法律史杂志》，1930 年)。埃斯皮纳：《中世纪杜亚的城市生活》，四卷本，巴黎，1913 年版。格罗斯：《行会商人》，牛津，1890 年版。梅特兰：《市镇与自治市》，剑桥，1898 年版。珀提杜塔伊伊：《英国市镇的起源》(斯特布斯：《宪法史的补充研究》，第 1 卷，曼彻斯特，1908 年版)。斯蒂芬森：《英格兰市镇的起源》(《美国历史评论》，1926 年第 32 卷)。《盎格鲁—撒克逊自治市》(《英国历史评论》，1930 年)；《自治市与市镇——英国城市起源研究》，马萨诸塞，剑桥，1933 年版。皮朗：《12 世纪以前的法兰德斯城市》(《东方、北方年鉴》，1905 年第 1 卷)。《尼德兰的古代民主》，巴黎，1910 年版。马列兹：《中世纪城市特别是法兰德斯的土地所有制研究》，根特，1898 年版。费尔康特伦：《比利时第二市民资格研究》，布鲁塞尔，1934 年版。海纳门：《意大利城市的形成》，莱比锡，1896 年版。孟葛济：《中世纪后期意大利的城市》，佛罗伦萨，1931 年，第 2 版。

[2] 皮朗：《12 世纪以前的法兰德斯城市》(《东方、北方年鉴》，1905 年第 1 卷)。

[3] 前引卢索：《马斯河与比利时的摩泽尔河流域》，第 89 页以下。

[4] 罗兰：《第 11、12 世纪土尔内的扩展》(《比利时王家考古学院年鉴：石刻艺术及其贸易》，1924 年)。

[5] 书目提要：见第二章书目提要。沃格尔：《1100 年间的一个航海商人》(《汉撒同盟史略》，第 18 卷，1912 年版)。皮朗：《资本主义社会史的时期》(《比利时王家学会公报》，1914 年)。

[6] 艾伯斯塔特：《同业公会的起源与更早的中世纪手工业协会》，莱比锡，1915 年版，以及叙述稍有不同的库特根著作：《公会与同业公会》，杰宁，1903 年版。

[7] 圣哥德里克的故事见沃格尔：《1100 年间的一个航海商人》，第 45 页，注 2。关于芬夏尔隐士，圣哥德里克的生平与奇迹的小册子是斯蒂芬逊于 1847 年在伦敦为“索悌斯”协会编的。

[8] 还可举出一些此类例证。参见拙作：《资本主义社会史的时期》(《比利时王家学

院人文学公报》，1914 年)。

[9] 魏茨编：《基督教库藏大事记》，第 14 卷，第 214 页以下。

[10] 《圣居伊传》(11 世纪)指出圣居伊经营商业以获得很多的钱作施舍之用。《圣所公报》，9 月号，第 4 卷，第 42 页。

[11] 上述《圣居伊传》的作者把奉劝圣居伊去经商的商人称为“魔鬼的牧师”。

[12] 布尔金编：《吉伯尔 · 德 · 诺根传》，巴黎，1907 年版，第 156 页。13 世纪初年，雅克 · 德 · 维特里就宣传反对《凶恶狂暴瘟气冲天的市区》。吉里：《法国王家与城市的关系》，巴黎，1885 年版，第 59 页。同样，在英国，理查 · 德 · 德维泽：《市区在百姓是扰攘，在王家是不安，在教士是漠不关心》(斯塔布斯：《宪章选辑》，牛津，1890 年版，第 252 页)。

[13] 外来商人或者说在国土上来往的任何商人在司法上没有固定的法院，而是来去流动，被叫作“灰脚”(1124～1153 年)。格罗斯：《灰脚法庭》(《经济季刊》，1906 年第 20 卷，第 231 页，注 4)。

第三章

土地与乡村阶级

一、 庄园组织与农奴制度[1]

市民阶级对中世纪每一个时期的影响是惊人的，因为这种影响与市民阶级在数量上的地位适成显著的对照。 城市的人口很少，往往只占总人口中很小的一部分。 当然，由于 15 世纪以前缺乏统计材料，无法作出精确的估计，不过这样估计可以不致有大的出入：在 12 世纪到 15 世纪，整个欧洲的城市人口从未超过其全部人口的 1／10。[2]只是在尼德兰、伦巴第、托斯卡那等少数地方，城市人口才在很大程度上，超过了这个比例。 不过，从社会统计学的观点说来，中世纪社会本质上是农业社会，这是毋庸置疑的事实。

大地产制在这种乡村社会中所留下的深刻烙印，直到 19 世纪上半期，在许多国家里仍旧没有消逝。 在这里我们没有必要去回溯中世纪从古代继承下来的这种制度的根源。 必须指出的是在 12 世纪，即当大地产制还没有受城市的影响而开始发生变化的时候，[3]这种大地产制达到高峰的情形。 也许不必补充说，庄园组织并不是强加于所有乡村居民的。 一些小的自由土地所有者并没有受到庄园组织的影响，而且在若干孤立的地区里，我们还发现在某种程度上不受庄园组织影响的村庄。 不过这些都是例外，在西欧发展的一般范围中并不值得考虑。

从大小而言，中世纪的大地产的确名副其实。 大地产平均包括300个农场，占地约1万英亩。 当然，还有许多比这更大的。 但是这些大地产的土地总是分散的，从来不曾连成一个整片。 同一地主的领地分散的距离愈来愈大，与庄园中心的距离愈来愈远。 例如圣特隆修道院就是一个大地产的领主，它的大地产散布在修道院的周围，但是它所拥有的附属地，[4]在北方远达尼模威根近郊，在南方远达特里尔近郊。 这种分散自然造成了许多庄园相互交错，有时，同一村庄竟隶属于两三个领主。 当大地产位置在数个诸侯统治的地区或使用数种语言的领土上的时候，情况就更加复杂化。 这种情况经常会发生。 这是土地集中的结果。 从教会方面说来，是由于广大施主不断的捐赠，从贵族方面说来，是由于婚姻的结合或遗产的继承。 大地产的形成并没有统一的计划，它是历史所造成的，并不是出自一切经济的考虑。

尽管大地产是分散的，不过它却具有一个强有力的组织，这个组织在各个国家本质上都是相同的。 大地产的中心，不管它是大教堂、教会、寺院或堡垒，向来是领主的固定住宅。 整个土地被划分为若干部分，每一个部分包括有一个或数个村庄，受庄园管辖。“庄园”这个名词在拉丁语系中为cour，在德语中为hof，在英语中为manor。 在庄园里集合着农舍、谷仓、牛栏、马厩等，还有照料这一切的家奴。 在这里居住着作为主人心腹的管理人，他们是从忠心于主人的农奴中挑选出来的，这种管理人在大陆通称为maire或mayeur，在英格兰称为seneschal，steward或bailiff。 由于中世纪农业时期的一般发展特征，这种最初可以撤换的代理人，不久便成为世袭的代理人。

每一个庄园管辖下的土地划分为三个部分：领主保有地、佃农份地以及公地。 领主保有地是领主所保留的土地，包括领主专用的一切土地。 这种土地因各庄园而异，要确切地得出它所占的比例是不可能的。 一般而论，领主保有地呈条状，散布在佃农份地中间。 另方面，每一个庄园内的佃农份地虽然各区有所不同，但是有显著的固定性。事实上，它所包括的土地数量，足够供养一个家庭，因此它们的大小依土地的肥瘠而异。[5] 在拉丁语中，佃农份地称为 mancus（manse, mas），在德语中称为 hufe，在英语中称为 virgate 或 yardland。使用这种土地需对领主担负劳役和租税（通常以实物缴纳）。所有的人都有权使用耕地周围的天然草地、沼泽、荒地或森林，这就是许多文件中所称的“公地”。有人曾经研究在这些公地上的所谓集体所有制的来源，但没有成果。事实上，这些公地的所有权是属于领主的。

除了领主以外，所有居住在庄园中的人，不是农奴，就是准农奴。虽然古代世界的奴隶制度已经消灭，但是它的遗迹仍保留在农奴身份上。农奴的人身是属于领主的，他们被束缚在劳役上，受领主的供养。领主从他们中间来补充保有地上所需的劳动者、牧人、作坊中的男女工人，领主把他们雇到“家庭作坊”，这里混杂地集合着庄园内的各种作坊，领地内所生产的麻与羊毛在这里纺织，领地地内的车匠、铁匠、酿酒者与其他的工匠也被安排在这里工作。至于定居在份地上的佃农（12 世纪时，一般称为 casati），人身隶属的关系就没有那样鲜明，虽然这里也还是有很多情况参差的事例。但是，实际上所有这些人最终都能代代相传地保有他们所耕种的土地，虽然最初他们很多人都是在任凭他人摆布的条件下持有土地的。这些人里面甚至有以前的自由人，他们由于必须服劳役和缴纳他们土地所不胜负担的租赋，因而自由已被大大削减。在寺院的庄园里，居民中出现了一个特权阶级“纳蜡农”[6]，他们大多是原来具有自由身份的寡妇的后裔；他们置身于寺院的保护之下，把地产的所有权奉献给寺院，条件是该地产的收入仍归自己享有，而在每年一度的教会节日里缴纳一批蜜蜡作为报酬。略与佃农不同，还有被适当地称做“小屋农”（cotters）或“边农”（bordars）的农民。他们是仅仅持有极小一块土地的农奴，常常作为农业劳动者受领主雇佣或受份地持有农雇佣。

庄园居民由于领主对他们行使审判权而进一步加强了对于领主的依

赖。所有的农奴都毫无例外地有服从审判的义务，而其他佃农在大小犯罪的事件上也常要受到这种惯例法庭的制裁。领主审判权的适用范围在不同的国家是不一样的，依封建主对于国王权力的侵蚀程度而定。它在法兰西达到了最高限度，在英格兰则处于最低限度。但在每一个地方，它至少要涉及有关份地、劳役、赋税和耕种的一切问题。每个庄园都有自己的法庭，由农民组成，以领主的管家为庭长，按照"庄园的惯例"——由领主同意并在判例中规定下来的那些为居民所长期沿用的习俗——来进行裁决。

每个庄园形成一个司法单位，同时也形成一个宗教的单位。领主们在自己的据点附近盖有礼拜堂或者教堂，授予它们土地，并指派牧师。这就是许多乡村教区的起源。所以，教会组织的主管教区曾在很长时期中保持着罗马"城市"的界线，有时还把中世纪初期很多领主的领地界线保持在其乡村教区中而延续到现在。

这样，庄园不仅是一种经济组织，而且还是一种社会组织。它支配着庄园居民的全部生活。庄园的居民决不仅仅是领主的佃农而已；他们是他的臣民——从哪一方面来说都是这样；而且，正如人们曾公正地指出的那样，领主的权威大部分是基于对他的臣民所具有的酋长的特质，而不是基于作为土地所有者的特质。庄园组织实质上具有宗法制的性质。语言本身就是这一事实的证据。"领主"(即长者)这个字，如果不是指对被自己保护的"家族"具有权威力量的长者，那是指什么呢？事实上，毫无疑问，领主是保护着他的臣民的。在战争时期，领主保护其臣民不受敌人侵袭，把他们掩护在他的城堡的围墙之内；这样做，显然符合领主自己的利益，因为他要靠他们的劳动生活。通常我们对于领主剥削的理解总是稍嫌概括了些。对人的剥削包含着把人当作工具来使用，以取得最大限度产品的那种愿望。古代世界的农业奴隶、17 世纪和 18 世纪的殖民地黑奴、19 世纪上半叶大工业中的工人状况，都能给我们以熟悉的例证。但是，所有这些都和中世纪的庄园很不相同，在中世纪的庄园里，具有无上权力的惯例决定着每个人的权利和义务。仅仅是这一事实，已经足以防止经济力量在利润刺激之下的自由活动所造成的残酷无情。此外，利润的整个观念与中世纪大地主们所处的地位是不相调和的。实在说来，他没有取得利润的可能。因为缺乏市场，不能为着出售目的而去生产，因此，地主也就不需要挖空心思地去从他的臣民和土地上掠取剩余产品，剩余产品只能是个累赘；既然地主只能自己去消费这些属于他的产物，因此只要满足需要，也就满足了。他的生活来源是由一个组织的传统作用而得到保证的，他并不曾设法去改进这个组织。在12世纪中叶以前，地主土地的大部分都是荒地、树林和沼泽。无论在哪里，我们都看不到有丝毫努力来改变古老的轮种制度，以使谷物耕作适应于土地的性质，或者改进农具。掌握在教会和贵族手中的巨大土地资本所出产的东西，如果考虑到它的潜在能力，实在不过是微不足道的一点点而已。

如果能够找出这种材料，即农民每周在领主保有地上工作一天到三天，并且照例按时缴纳实物税，这样，在这个不是为利润而耕作的庄园里工作一年之后，能得到多少，那会是很有趣的事，不过，这种材料事实上得不到。如果他们能得到一点东西，那一定也是极少的一点点。但像他们的领主一样，他们唯一的目的只是生产够自己消费的东西，对他们说来，这样一点也就够了。农民不怕被驱逐，因为他的土地是世袭的，有保障，但另一方面，这种农业制度使他既无个人经营谋利的机会，也无这种欲望。的确，这种制度所带来的必然是共同的劳动。狭条田和不规则的田，这两种重要的耕作方法——它们的起源无疑地可以追溯到史前期——就是为了共同耕作的缘故。两种轮种制度，不论是用两圃制或三圃制(即每年把耕地的1/2或1/3休闲)，都要求大家集体轮耕。同一班田或四开田上的每一小块地都得大家一起耕作，一起下种，或是收割之后一起打穗。这些小块地彼此交错地混在一起，这一事实的意义是：在谷物开始生长以前，这些土地中间是没有隔离物的；以后才有一个临时性的篱笆把它们围起来。在收割以后，村社对这些耕地还保有共同的权利；村庄中所有的牲口都被一起赶到谷物已经收割存仓、篱笆已经撤除的耕地上去吃残梗。

在这样的情况下，每一个人的活动都依赖着大家的活动。这种情况继续存在时，农民之间经济上的平等必然是普遍的规律。遇到疾病或是残废，邻人会来援助。当然，日后成为农民的特征的贮蓄嗜好，这时还没有表现的机会。如家庭人口太多，年轻的儿子们就成为“小屋农”，或者成为在农村中游荡的流浪汉。

还有，领主的权利也限制着个人的活动，程度大小则因人而异。被正式称做“农奴”的人，不缴付一种税是不能结婚的，不得领主准许也不能“外婚”，即不能与本庄园以外的女子结婚。在他们死亡时，领主得到他们全部或一部分遗产（“继承税”）。劳役地租和实物地租沉重地压在所有佃农的身上，或者，宁可说压在所有的份地上，因为随着时间的转移，它们由对人的课税转变为对物的课税了。关于这一点，规定有各种不同等级的田地，有的是“自由人田”，有的是“农奴田”，有的是“半自由人田”，每种田地负担不同，要看它们最初的持有者是“人身依附农奴”、“半自由农”，还是“自由农”。领主只要有需要就要他们交纳贡赋，这无疑是要他们承受最沉重的并且是最可憎恶的负担。这使他们服从于一种不仅是无偿的，而且是没有客观标准的捐赋，因而这种捐赋也可能成为一种严重的滥征暴敛。这与“规费”不一样，规费迫使农奴在领主的磨坊里磨谷，在领主的酿造房里酿造啤酒，或者在领主的压榨房里压榨葡萄。这一切设备都是由领主出资建造的，农民使用这些设备必须缴纳捐税以资补偿。

总结起来，应该指出，并不是从庄园里征收的一切捐税都使领主获利。常常会有这样的事情，即领主的土地因“司法”上的权利而承受负担，这些是由统治权而不是由财产权而产生的权利。比如说，最普遍的有“实物税”，这是附着于土地的赋税，可以看作是早期罗马公共赋税的残余。很多地主把这种税收据为己有，但有时也交给地方诸侯或交给其他享有该项权利的人。什一税是另一种性质很不相同的税，这种税非常苛刻，而更甚者，是它涉及的面非常广。按理说，这种税应该一直由教会征收，但事实上很多领主也将其据为己有。无论怎样，这些赋税的来历，对农民来说，关系不大，因为不管其性质如何，总归是压在农民的头上的。

二、从 12 世纪初叶起农业中发生的变化[7]

从 10 世纪中叶起，西欧人终于从萨拉森人、诺曼人和匈牙利人的劫掠下解放出来，开始向前发展。我们没有关于这个变动的确切材料，但其结果则明显地表现在下一个世纪里。显然，这时庄园组织已经不能和出生率大于死亡率的人口增长情况相适应了，有愈来愈多的人被迫离开了世世代代的土地，去寻求新的谋生手段。特别是小贵族，因封地只限于长子承继，更感到幼子众多的累赘。曾经征服了南意大利，随着威廉大公爵入侵英格兰并成为第一次十字军中多数兵士的诺曼底冒险者们，就是从这些人中间招募的。大约在这同一时候所发生的，由乡村流入新兴城市的移民和商人、工匠这一新阶级的形成，如果不是农村人口的巨大增长，则是不可理解的。在 12 世纪初，人口的增长更为惊人，而且到 13 世纪末一直在不断增长中。由此出现了两个重要的现象：一方面是老居住区人口密度增加，另一方面是日耳曼人向易北河和扎勒河右岸的斯拉夫各国移民。最后，随着人口增长和对外扩张，他们的经济情况和法律地位发生了深刻变化。各国开始了一个或快或慢的演进过程，其细节虽有所差异，但整个西欧却呈现出一个共同的总趋势。

我们已经知道，利润观念与这些大地产的宗法式组织是完全不适应的。这个组织所发生的作用仅是为了领主及其臣民的生存。它为惯例所支配，而这种惯例又是一成不变地规定着每个人的权利与义务，因而它不能适应新的条件。无论在哪里，我们从未看到大地主开始采取措施来使这个组织同改变了的环境相协调。改变了的环境使他们无所适从，他们听任环境的摆布，而不从他们所掌握的巨大土地资本去谋取本来可能给予他们的利益。显然，掀起这些变化的不是他们而是他们的佃农，这些变化于12世纪前半期已在最先进的国家引起庄园制度的崩溃。但是，上述这种情形只是发生在属于世俗贵族、主教和本尼狄克寺院的那些古老的大地产，这些大地产是按照加罗林王朝流行的准则建立起来的。另一方面，在11世纪，即在传统的均衡形势已开始显露其破裂的最初征兆的时代建立起来的塞斯特恩寺院，则表现了一种完全新型的经济管理方法。这些寺院出现的时候，全部可耕地都被占据了，它们几乎都是建立在荒野和未开垦的地区，即在森林、荒地和沼泽地区。施主们把自己保留地中的大量未耕地赠予它们，这样修道士们就按照寺规用双手去耕作。本尼狄克寺院拥有很多已耕的土地；塞斯特恩寺院则不同，它们是从垦荒开始的。在垦荒时，他们有俗界弟兄，或称“俗僧”的帮助，他们把开垦大农场的任务交给这些人。大农场是他们农业经济中的革新，面积相当大，常常有500英亩到700英亩，并不分割为小块的份地，而在一个修道士的监督下，由“俗僧”甚或由外面雇来的农业劳动者耕种。

直到那时为止，农民的正常地位就是农奴，但在塞斯特恩寺院的土地上却不存在农奴制，那里没有徭役，也没有世袭的村长对农民进行压迫性的并且是无能的监督。塞斯特恩寺院这些精美的农场有集中的管理，整齐密集的外貌和合理的耕作，同那些老式庄园中的领主保有地比较，则表现出极大的差别。这样，这些寺院耕种的“新土地”就带来了一种新的经济组织。这是一种聪明的制度，它发现了怎样由人口的增长而充分得到好处。对于那些在旧的土地划分办法之下没有职业的剩余劳动者，它是有吸引力的。它确实是从这些人里面招募了它的世俗弟兄，直到13世纪后半期，他们的人数仍在不断地增加。道恩斯(Dunes)寺院在1150年一共有36人，100年以后增加到1 248人。与此同时，由“客籍民”提供的自由劳动也以相应的速度增长着。[8]

“客籍民”(hôtes 按字义解释为“客人”)自从12世纪初以后愈来

愈多地出现了，他们是当时农业社会中正在进行着的变化的特点。正如这一名词所表现的，“客籍民”是一个新来客，一个生人。简单地说来，他是移殖者，是寻找新土地耕种的移民。这些移殖者无疑地或来自流浪汉——在这一时期，城市中最早的商人和工匠也是来自流浪汉，或来自大领地中摆脱了农奴身份的居民。因为“客籍民”通常都具有自由的身份。当然，他们几乎都是出生于不自由的父母，但是，一旦他们能够远离出生的大领地并且躲开了领主的追捕，又有谁能说出他们原来的身份呢？再没有谁能够对他们的人身要求什么权利了，从此他们就是自己的主人。对于这些“客籍民”来说，空余的土地是很多的。广大的荒野、森林、丛林地、沼泽地，都还没有成为私有财产，只是处于地方诸侯的司法权力之下。这些新来者没有侵犯别人的既得权利，他们的全部要求只是准许他们在那里定居而已，这何以会被拒绝呢？各方面的迹象都表明，在很多场合下，他们都是主动地去开荒排水，像一切到了新地方的移殖者那样。例如，自 12 世纪初以来，在列日主教诸侯管辖的特克斯森林的巨大空地上，自由移民就是自流地定居在那里。他们是首先深入这些荒野地带的人；这块定居地凝聚着这些自由拓荒者无穷的辛勤劳动，以致直到“旧制度”* 末期，这里还没有出现农奴制。

这种原始形态的生活方式当然不能长久继续下去。庄园公地以外的全部处女地的持有者很快就开始利用日益增长的劳动力。吸引“客籍民”来定居，要他们付给地租作为报酬——这样一个十分简单的办法他们是不会看不到的。他们使用了 19 世纪在美洲极西部常见的办法——尽管因具体条件不同而有所差异——来把人口定居在空旷的土地上。11 世纪和 12 世纪的“新市镇”和美洲的包工者们在铁路沿线事先设立的那些市镇十分相似，甚至在具体细节的安排上都很相像。双方都是想在人和物两方面用最有利的条件来吸引移民，双方都用了宣传招

---

* 指 1789 年大革命前的法国政治社会制度。

徕的方法。后来发现这种“新市镇”的宪章曾在各地招贴，就像我们今天，对于一个正在形成中的市镇，报纸上常登载关于它将有多少资源、如何舒适等等美好的前景。“新市镇”这个名字，和“客籍民”同样有着鲜明的含义，它是为了他们而设的。它清楚地表明，它的目的是为了新来客、陌生人和移民，也就是，为了移殖者。在这一方面，它立即呈现出不同于大庄园地产的极其强烈的对比。尤其令人感到惊异的是，新市镇的创立人几乎总是一个或数个庄园的领主。他们熟悉庄园的组织制度而小心地不去仿效，明显的理由就是他们认为那是不合于他们所要吸引的人们的愿望和需要的。无论在哪里，我们也看不到老庄园和新市镇之间有丝毫的联系，也看不到有丝毫努力使新市镇依附于庄园的法庭或者是服从于它的司法权力。新市镇与旧庄园是彼此不相干的，就像两个不同的世界一样。

从土地制度的观点来看，新市镇主要的特征是自由劳动。从 12 世纪初到 13 世纪末，新市镇的宪章是非常多的，它们到处都留下了同样的印象。这里完全没有人身隶属的农奴制。而且，外来的农奴只要在这里住上一年零一天，就能取得公民权，虽然有时新市镇的建造者把从他自己庄园逃跑来的农奴排除在这一规定之外，以免为了新市镇的利益而减少了自己庄园的人口。这里也同样没有劳役；劳役原是用来耕种领主保有地的，而这里没有这种保有地。在这里，全部土地都是农民的份地，每一个农民都把自己的全部劳动用在自己的土地上。最多也不过是有些地方的居民要担负一点集体劳动义务而已，如劳瑞斯(1155年)的宪章中规定，居民每年要有一次把国王的酒运往奥尔良。至于旧庄园中的那些权利如永归管业、继承税、外婚税，自然是再也不成问题了。贡税和服军役的义务是保留下来了，但是它们已经具有公税和公役的性质，而且是有了限制和规定的。使用压酒器和磨坊的规费也不曾消失，但它们已不是贬低人们身份的权利，行使这种权利也不能认为是剥削，因为这些设备是必要的，而且除了领主以外没有人能够置备。

这里重要的是，如果说新市镇的农民不同于庄园的农民，他们倒是有许多地方与市民是相似的。治理他们的宪章不久就受到城市法律的极大影响，甚至新市镇的居民常常就被称作“市民”。的确，就像市民一样，他们也取得了适应于他们需要的行政自治权。在他们之上的市长一点也不像庄园的村长；他是本镇利益的监护人。许多新村镇，其参政权的规定都以阿尔根的波蒙为榜样，市长常常由农民推选。同样的，它们仿效着市镇的样子，每个新市镇都有自己的委员会来管理其居民的司法审判事务。这样，这个新的农村阶级由于市民阶级的进步在先而获得了好处。人们有时认为市镇是由乡村变化而来的，事实远不是这样，相反地，倒是这些自由的乡村，在能够适用于本地的程度以内，承受了城市的法律。奇怪的是，在当时相当长的时间内，农村各地普遍盛行的倒是那些大城市的法律，而不是一些次等的、半农村式的城市的法律。例如在布腊班特，公爵们按照鲁文的先例制订宪章，于1160年用于贝兹，1216年用于唐格尔堡，1222年用于伐弗尔，1228年用于库瑞尔，1251年用于麦其特姆。少数几个新市镇的宪章实施结果特别优越，因而传播得远而且广。劳瑞斯的宪章在1155年初就用于加提内和奥尔良的83个地方，波蒙的宪章在1182年初用于香槟、勃艮第和卢森堡等地的500个村庄和城堡，普立契的宪章(1158年)则用于阿以诺和咪蒙都瓦的许多新市镇。同样的，诺曼底布勒特伊的法律在12世纪广泛地传播于英格兰、威尔士，甚至爱尔兰。

然而，我们也不能把这样的对比做得太过分了；我们不能过分夸大新市镇的农民和真正的城市市民之间的相像之处。这些农民的人身自由仍旧是受限制的，因领主对市镇土地还保有权利。事实上，“客籍民”不过是以租金为代价取得了使用土地的世袭权利，而实际的所有权仍继续属于领主，而且有关农民持有土地的一切问题仍服从于领主的裁判。实在可以说，在这些新市镇里，小农耕作制度是与大领地并存的。大领地制是整个结构的法律基础，它虽然不再决定着人的关系，却仍然决定着土地关系。无疑地，最后，农民对于份地的占有很为牢固，已经有些像所有权了，所差只不过是要向地主缴付一笔名义上的租金而已。虽则如此，直到1789年法国大革命为止，农民的土地所有权一直不曾摆脱束缚的桎梏。

从11世纪末叶起，巨大的土地开垦工作改变了欧洲的土地，新市镇不过是其表现之一罢了。而且，像上述那样的新市镇，也只是在法兰西北部的卢瓦尔河和马斯河流域之间才有。卢瓦尔河以南的情形大体和巴斯提德各地差不多，后者也是由诸侯或大地主们所创始的。在西班牙，基督徒从伊斯兰教徒那里夺回的地区中的市镇表现出与其他地区不同的军事殖民的性质。至于意大利，很可能该地耕作的发展主要不过是由于老农业区中的人口增长而完成的，这些老农业区古时就有，意大利人在萨拉森人的毁坏和10世纪屡次内战之后，重新占据了这些地区。但是，各地尽管在具体细节上有所不同，但总的情况各地都是相同的。在旧日加罗林帝国的全部土地上，人口的增长使得居住区大为增加了，自由的劳动力由此有力地向外扩张，跨过了荒野，征服了新的土地。

在尼德兰各地，人们同时对海洋和河流展开了斗争。人口过剩在这里是很突出的，无疑这是人们去尝试排水工作的原因。我们从一些材料中获知，11世纪时，法兰德斯郡即开始感到供应居民吃食的不易。一些法兰德斯人在1066年加入了征服者威廉的军队，当远征结束时，他们就留在英格兰，而且此后100年里，还有一批一批的法兰德斯人不断地加入他们在英格兰的队伍。稍后，法兰德斯又为第一次十字军提供了一支人数最多的军队，而且，邻近的诸侯又是从它这里募集了那些称作“拿饷银的”、“住草棚的”、“勃拉帮佬”的雇佣兵，这些法兰德斯人在11世纪和12世纪军事史中的作用，就像瑞士人在16世纪时一样。[9]最后，在这同时期内法兰德斯城市的迅速成长显然也带有农村人口流向城市的特征。寻求新的生存手段的需要，促使最早的堤防被建筑起来。法兰德斯的伯爵们很早就采取措施，鼓励建筑堤防并加以保护。实在地说，沼泽洼地和冲积地都是属于诸侯统治的，变成耕地对他们有利。在鲍尔温五世(1035～1067年)的时候，那里的进展已经很为可观，里姆斯大主教当时曾祝贺伯爵把原来不生产的地区变为牛羊遍地的沃土。自从那时候起，全部沿海地区到处都有牛栏羊圈，而且在 11 世纪末，这些畜牧业的收入已由职业的记录员制作精细的账目，其收入之大，由此可见。

这足以表明，法兰德斯的伯爵们并不曾把庄园组织引进他们滨海的“新土地”上来。像内地的新市镇的土地一样，需要排水或需要筑堤的地区是交给去那里安家落户的“客籍民”的。也像在新市镇一样，这些人都有自由的身份，所有的束缚只不过是货币地租或实物地租而已。但是，由于对大海搏斗而产生的特殊条件却要求这些人要比大陆上的农民更为紧密地进行合作。虽然在早期的文献中并没有关于防水协会——为了在某一地区调节水流和保养堤防而组成的公务团体——的记载，但毫无疑问，这些团体必定在一开始就存在着。12 世纪时，在些耳德河河口和北海沿岸周围都已经存在着“排水新辟地”，即用筑堤方法排除海水而争得的冲积地。在这个时期，各寺院也仿效伯爵们的办法，开始努力在它们领地中的低洼地带进行排水。其中，塞斯特恩寺院是领先的。在 13 世纪中叶，只在赫尔斯特地区，道恩斯寺院就拥有筑堤的土地约 5 500 英亩，不设堤土地约 2 750 英亩。

在法兰德斯北部，西兰和荷兰两郡的情形也说明这种活动的存在。由于缺乏文献，我们不清楚其具体细节，但是按照两地所获得的结果和声誉来看，该两地的进展是毫无疑问的。事实上，尼德兰人在筑堤方面声誉是如此卓著，以致在 12 世纪初日耳曼的诸侯也邀请他们修筑易北河下游的堤岸。他们不久就从那里深入到勃兰登堡和梅克伦堡，现在这两地的堤岸位置还保存着他们工作的痕迹。邀请他们的诸侯自然要让他们保持人身自由，并且依照和他们本国差不多的条件给予他们土地。为他们设置的法律称为“法兰德斯权利”，它向日耳曼显示了自由农民这个阶层，而这些法兰德斯人就是它强有力的代表。从这时起，给予农村居民“法兰德斯权利”也就等于给予公民权。在同样情况下，法兰德斯的移殖者进入了土仑亚、萨克森、劳色兹，甚至到达波希米亚。因此，他们可以被看作是日耳曼人所策划的，在易北河和扎勒河右岸进行大规模拓殖的先驱者。在这里，定居只不过是征服所带来的结果。萨克森的公爵们和勃兰登堡的侯爵们驱逐并且屠杀这些地区的斯拉夫人，把这些地区开放让日耳曼人占领。无疑地，如果这时不是母国的土地不能供应居民需要的话，这次扩张决不会这样广泛，也不会这样有力。农民们从萨克森和土仑亚出发，在易北河和扎勒河之间定居。不久威斯特法里亚人就随之而来，一起涌入梅克伦堡、勃兰登堡和劳色兹。到12世纪末，梅克伦堡已经完全成为殖民地区了；13世纪，勃兰登堡也陷入了同样的情形。等到后来，从1230年开始，条顿骑士团用武力开辟了日耳曼人前进的道路，他们到达东普鲁士、利沃尼亚、立陶宛，甚至远至芬兰湾。在这个时候，巴伐利亚人和莱茵兰人也在进入波希米亚、摩拉维亚和西里西亚，进入提罗尔，以至远达匈牙利的边境，他们到处站在这些国家原有的斯拉夫居民之上，或者和他们分开定居下来。

这个移民运动以很大的技巧和力量进行着。诸侯把征服的地区划分给土地出租者，这是巨大的殖民代理人，其职务是招徕人们并把土地分配给他们。塞斯特恩寺院曾大量地获得了这些从“野蛮民族”夺来的土地，并且立即设立农场，进行耕作。这里的居民的情况也是和“新市镇”的“客籍民”一样。这些日耳曼的移殖者终于成为优秀的新来客，他们取斯拉夫人而代之，成为这块外国土地上的“客籍民”。他们以为数不多的租金换得对土地的世袭权利，他们被给予人身自由——在一切殖民地区这确是不可缺少的。这样，新的日耳曼不仅在土地分配方面与旧日耳曼不同，在其居民的身份方面，也是不同的。

12世纪和13世纪中农村各阶层的巨大变化，并不只是人口密度增加的结果，在很大程度上，还是由于贸易的复兴和城市的兴起。老的庄园组织，只适合于在市场缺乏因而土地生产物不得不就地消费掉的时代，但当固定的市场出现，能保证土地生产物按时销售的时候，它就必然要让位了。当城市开始需求为其存在所必不可少的农产品时，这样的变化就发生了。把最初的城市聚居地看成是能自给的半城市性质的农村中心，这是完全不正确的。从一开始起，市民阶级就是一个商人和工匠的阶级，在一切大城市里，他们一直保持着这样的特点。用18世纪重农学派的话来说，它是一个不生产的阶级，因为它不能生产直接用来维持生命的东西。它每日的生存，它每日的面包，要依赖近郊的农民。在这时以前，农民一直是为自己和领主而耕作的，现在他们则是被激发着——而且随着城市的数目和重要性的增长而日甚一日地被激发着——去生产剩余产品供给市民消费。谷物离开了仓库，或是由农民自己运到邻近的城市，或是在当地卖给从事谷物贸易的商人，从而进入流通过程。[10]

土地生产物的流动，必然促使乡村中货币流通的进展，——是进展，而不是开始，因为常常有人认为，中世纪初期的几百年，即在8世纪以后的那几百年，是一个物物交换的时代，而不是以货币进行交换的时代，其实再没有比这个想法更为不合事实的了。恰当地说，所谓自然经济的纯粹状态是从来不曾有过的。大地产上的农户付给领主的贡赋常常以土地的产物缴纳，这无疑是对的。当这种地租主要是供给地主的粮食时，这是最合理和最现实不过的办法。但是，一旦收获物成为交换的对象时，它的价格就以货币来表示并以货币来支付了。在饥荒时不得不进行的断断续续的交易中，已经就是这样了。没有什么迹象说明，极其需要的谷物是采取物物交换而不是以现钱购买的。而且，只要翻开加罗林王朝的教会法规就可以使人相信，在当时小市场里的小额交易也经常使用货币第内拉德。的确，当时货币的使用是有局限性的，但那并不是由于货币不为人所知，而是由于当时的经济结构不宜于真正的商业活动，因而货币的使用减少到了最低限度。但等到商业活动成为正常的和经常的事务时，从来也不曾消失过的货币流动就与贸易齐头并进了。实物地租没有消失——它在任何时期也没有消失过，在我们今日的时代也没有消失掉，但是不常用了，因为在交换不断增长的社会里，它并不是那样有用的。所发生的并不是货币经济代替了自然经济，而是货币逐渐取得了它作为价值尺度和交换工具的地位。[11]

货币广泛使用的事实就使得货币量增加。12世纪和13世纪时的货币流通量，比起从9世纪到10世纪末这个时期是大得多了，其结果是物价上涨，这自然在各地都对生产者有利。这时，物价上涨是与奢侈的生活方式同时并进的。商业不管向哪里发展，总能创造对于它所带来的新消费品的欲求。无论在什么时候，贵族们总是愿意置身于符合他社会地位的奢侈生活或者至少是舒适的环境中。比如，把11世纪的骑士生活和12世纪的骑士生活比较一下，我们就立刻可以看出，这期间他们在衣、食、住方面，尤其是在武器等方面的花费是怎样地增加了。如果收入也能同样增加，则这些消费还要大大地提高，不过对于这类土地所有者，诸如贵族来说，生活费用虽然增加，收入却是维持原状，因为地租是按照惯例规定而不能改变的。地主们从佃农那里取得的贡赋，足以维持他们旧式的生活方式，却不能使他们过上现在所企求的那种生活。他们是一个过时的经济制度的牺牲者，这个制度使他们不能按照他们土地资本的价值来支取一个合乎比例的地租。传统的力量甚至使增加佃户的贡赋或加强农奴的劳役也成为不能想像的，因为这些都是为世代的成例所规定而且成了权利，若去破坏它必将造成最危险的经济与社会后果。

既不能抗拒自己新的需要，也没有足够的资力来满足需要，因此，很多贵族先是欠债，再就是破产。13世纪中叶，托马斯·德·桑坦普雷曾说到，在他的家乡教区里，骑士的人数就从上一世纪末的60个降到只剩下一两个，这只是总现象中的一个地方例证而已。[12]教会本身也受到影响。大致在同一时候，卢昂的大主教尤德里哥描述了他教区内的多数小寺院，都是极其窘迫的。[13]世俗的和教会的大地主显然是比较能够经得起这个危机的，但也只能是以几乎完全破坏传统的庄园组织为其代价的。这些庄园存在太久了，无法改变，但至少还可以减少些成本开支，从而榨出更为有利的报酬来。随着商业的再起，庄园中的很多设施就成为多余的了；在每个重要庄园的家庭作坊里，总是有几十个农奴在制造纺织品和农具，但是这种家庭作坊现在还有什么用处呢？ 其产物还不如邻近城市里工匠们所制造的一半好。 在12世纪，几乎各地方的作坊都没有了，人们也就让它们这样消失下去。 由于同样的原因，许多坐落于没有葡萄园地区的寺院，出售了它们在遥远的产酒区所占有的地产。[14]既然酒可以从市场上买到，为什么还要以很高的成本由自己的地产来供应呢？ 至于领主的保有地，最好还是尽量把它改变为农民的份地，因为农民的劳役是不上算的，把土地出租，收取租金，比储藏粮食，冒腐烂和火灾的危险，要好得多。

显然，此后，那些最精明的地主就立意尽可能多地增加现金收入。 这自然促使他们去废除或修改农奴制。 释放农奴，收取一笔赎金，这是加倍有利的，因为一方面农奴要缴纳赎金来取得自由，同时放弃对农奴的人身占有权并不意味着放弃那块份地的耕种。 如果这个被释放了的农奴愿意，他可以按照对地主更为有利的条件继续耕种这块地，如果他宁愿离去，那再找个农民来代替他也是极其容易的事。 在12世纪，释放农奴的事例虽然很多，但就我们所知，被奴役阶级却没有因此而消失。 但是，这个阶级虽然被保存着，却丢掉了很多原始的特点；农民现在可以用货币来代替劳役和其他贡赋，而且，虽然那些老的负担如“永归管业”、“承继税”、“外婚税”在某些情况下一直保存到“旧制度”之末，但实际上它们已缓和多了。 尽管老的贡赋还在继续征收，但比起往日则是减轻了。 封建领主的权威虽到处存在，但其力量则是愈来愈小，而以前的宗法制性质也几乎消失了。 这一演变的结果是，大地主的地位愈来愈像土地出租者，即像一个现代意义的地主了。 大部分被释农民都成为佃农，以缴纳免役租而取得土地，这种土地差不多总是世袭的。 而且，在13世纪，一些最先进的地区流行着以几年为一期的租佃制。 原有的领主保有地大部分都租给富裕的农民耕种。 尤德里哥曾劝告他教区的修道院院长们尽量把土地出租。[15]在南方，如在鲁西荣，土地的租佃期通常是2年到6年，同时“分成”租佃制(即把收获的一部分缴纳给地主的租佃办法)，也是广泛应用的。[16]

应该指出这个特点，即领主制度的衰落和商业的发展是成比例地进展着。这也即是说，在那些出现大城市和大商业的地方，如伦巴第、多斯肯尼、法兰西北部、法兰德斯或莱茵河两岸，领主制度的衰落，就比在德国中部或英格兰迅速得多。在德国中部和英格兰，只是到13世纪末，庄园制度才开始崩溃，而在法兰德斯，则早在12世纪中叶就已经有了很多庄园制度解体的迹象。在法兰德斯，经济进步所导致的农奴制的消灭，看来是比其他任何地方为甚的。在1335年伊泊尔的参事写道："今天已没有奴隶阶层的人，已没有属于永归管业的人，已没有任何阶层的人。"[17]

日益加强的商业影响引起了进一步的变化，至少在交通大道一带和各个港口的内陆地带，产生了根据各种土壤和气候条件而进行专业化耕作，当交易缺乏，或者当交易无足轻重的时候，每个庄园必须尽可能生产各种谷物，因为那时还无法从市场上买到这些东西。但在12世纪初，贸易的进展产生了更为合理的经济。凡是能够依靠出口的地方，其土地总是用来耕种最价廉物美的作物。从12世纪起，英格兰的塞斯特恩寺院就专门从事羊毛生产，法兰西南部、毕迦第、下诺曼底、土仑亚和杜斯加尼则种植大青——中世纪的靛青。尤其在那些能生产大量好酒，而酒又容易运出的地方，葡萄园普遍扩大，侵占了谷物的耕地。撒林本曾深刻地指出，如果说奥塞尔河流域的农民"既不播种，又不收获"，那是因为他们的河流把他们的酒运到巴黎去"高价"出售了。[18]波尔多地区提供了一个商业决定耕作的典型例证。那里出产的酒，由拉罗舍耳河经纪龙德河口愈来愈广泛地输往大西洋沿岸，输往英格兰和北海及波罗的海流域。在12世纪末，波尔多的酒已经从布鲁日港进展到列日，在那里与来自莱茵河和摩泽尔河的酒相竞争。在欧洲的另一端，普鲁士则专门种植谷物，由汉撒的船只运往北欧各港。

最后，应该指出，经济变动的加剧使土地获得了更大的流动性，因而破坏了传统的份地的划分。原有的同样大小的份地渐渐为大小不同的份地所代替了，每块份地包括一个佃户所取得的许多小块土地并组成一个单一的个体农场。现在农民在邻近的城市有了产品销售市场，对利润的嗜好带来了对储蓄的嗜好，而当时贮蓄的最好方法莫过于购买土地了。当时市民阶级也在寻求土地。对城市的富商说来，这是他们把从贸易中获得的利润进行投资的最好方法。在 13 世纪时，很多城市商人在乡村购买土地。在法兰德斯，资本家们购买“排水新辟地”；在意大利，西恩那和佛罗伦萨的银行家们买进庄园；14 世纪时，在法兰西、英格兰和法兰德斯，那些照顾营业的伙伴也同样表现出攫取土地的欲望。

但是，我们却不可把这些现象过分地普遍化，这只是少数几个国家因资本主义的一切成果获得了发展而呈现的特殊现象。事实上，在欧洲那些不曾为贸易大道所打开的部分，农业组织和农村阶级情况的变化是很缓慢的。而且，就是在那些进步最快的地区，旧的影响还是很强的。耕作的面积看来是比以往任何时期为大，但比起今日来还是微乎其微的。耕作方法看来亦没有什么变化：除少数几个特权地区外，人们尚不知道使用肥料，而且到处都遵循传统的轮种制度。农奴制不管经过多大改变，农民还是服从于领主的审判权、什一税、规费以及其他各种滥施的权力，在这种情况下，政府对农民不予保障或保障得很不够。总而言之，占人口中绝大多数的农民群众所处的地位纯粹是被动的，在特权社会中，农民是没有地位的。

注　释：

［1］书目提要：除总书目提要中伊纳马—施特尔内格、拉姆普雷希特、塞伊、布洛克等人著作外，请参考：拉姆普雷希特：《中世纪早期法国经济情况研究》，巴黎，1889 年版，马利兰译。德利耳：《中世纪诺曼底农民阶级的境况及农业情况研究》，巴黎，1903 年，第 2 版。汉塞：《至 13 世纪末叶止圣—特隆区经济体制与组织之研究》，刚特，1899 年版。弗列埃斯特：《阿以诺郡的奴隶制度》。圣徒农：《最好的加德尔》（《比利时王家学院论文集》，布鲁塞尔，1910 年）。马列兹：《皮朗杂集中有关比利时庄园材料札记》，布鲁塞尔，1926 年版。西波姆：《英国的乡村社会》，伦敦，1883 年版。维诺格拉多夫：《庄园的长成》，伦敦，1905 年版。《11 世纪英国的社会》，牛津，1908 年版。寇耳顿：《中世纪的乡村》，剑桥，1925 年版。纳普：《地主与骑士的地产》，莱比锡，1897 年版。维提希：《德意志西北部的地主》，莱比锡，1896 年版。西比克：《农奴徭役制》，杜

平根，1904年版。加吉塞：《中世纪意大利农村阶级与社会》，第2卷，佛罗伦萨，1906～1909年版。布林克：《尼德兰农民及农业史》，格罗林根，1902～1904年版。卢普内：《法国乡村史》，巴黎，1932年版。布洛克：《中世纪特别是在法兰西的人身自由与奴役》（《西班牙法律史年刊》，1933年）。伯兰：《洛林乡村庄园的研究》，巴黎，1935年版。

[2] 洛特：《1328年小教区及户口情况》（《古典学校丛书》，第40卷，1929年，第301页）认为14世纪初，法国城市人口约占全部人口的1/10到1/7。但是居弗利埃的《布腊班特户口调查》第135页指出，1437年，在整个布腊班特公国中，有2/3的房屋在乡下。

[3] 不用说，由于欧洲各地庄园组织不同，这里只能作一般的描述，举出其主要的特征。

[4] 参见皮朗：《纪效姆·德·理克尔的账簿：13世纪中叶圣特隆寺院的地籍册与账簿》，布鲁塞尔，1896年版。

[5] 前引马列兹著作中指出，布腊班特的庄园，一般地由10个至12个崩尼埃组成，每一个崩尼埃大约为8～15公顷(即20～37.5英亩)。前引布洛克著作指出，法国农场面积为5～30公顷，平均每个农场大约为13公顷。

[6] 埃诺及其附近地区称为“圣徒农”。

[7] 书目提要：参考第三章第一节参考书目。崩瓦洛：《波蒙特宪章以后的第三等级及其分支》，巴黎，1884年版。普鲁：《劳瑞斯的服装及其在12、13世纪的流传》（《法兰西法学史新评论》，1884年，第八卷）。范德钦德尔：《普里息斯的法律》（《费德列克杂录》），布鲁塞尔，1904年版。贝特森：《布列特依的法律》（《英格兰历史评论》，1900年，第15卷）。果布累·达耳维埃拉：《比利时森林史》，第1卷，布鲁塞尔，1927年版。施华帕克：《德国森林管理与狩猎制度概论》，柏林，1892年版。波尔歇格拉福：《12、13世纪比利时人在德意志建立的居留地史》（《比利时王家学院论文集》，布鲁塞尔，1865年版）。施罗伊德：《中世纪尼德兰人在德意志北部的居留地》，柏林，1880年版。舒尔茨：《12、13世纪尼德兰人在下威悉河与易北河沼泽地带的居留地》，汉诺威，1889年版。

[8] 关于塞斯特恩寺院的地产组织，可以参考类似下列的著作，例如13世纪中叶的《菲勒尔寺院的地籍册》(1906～1907年，莫洛，戈特施徒威斯编：《比利时教会史资料选辑》，第32，33卷)，又如莫洛著：《布腊班特的菲勒尔寺院》，布鲁塞尔，1909年版。

[9] 皮朗：《比利时史》，第1卷，第5版，第156页。与法兰德斯相邻的一些拉丁语系国家，在12世纪时，人口似乎异常稠密。它们向外移民远至西里西亚与匈牙利。克兰这个城市可能就起源于这种移民。12世纪时，克兰城有一个拉丁居留区。它的居民大部分是从罗塔林吉亚和阿尔多瓦来的。又见舒纳曼：《东南欧市政的产生》，弗劳兹瓦夫，1929年版。

[10] 都市对于乡村的影响，在意大利尤为强烈。在意大利，乡村受一些大的公社管辖。关于这种现象的最近著作，请看杜伦：《意大利经济史》，第1卷，第193页以下。

[11] 魏菲克：《货币、块锭或商品。11、12世纪的交换工具》（《社会经济史年鉴》，1932年，第462页以下）。

[12] 见托马斯·德·桑坦普雷：《美好的蜜蜂世界》，第2卷，杜埃，1605年版，第49页。

[13] 博南编：《卢昂大主教(1248～1269年)尤德里哥出巡教区日记》，卢昂，1852年版。

[14] 1264年圣特隆寺院住持将位于摩泽尔河畔的波麦伦及布列德尔的葡萄园出售给希墨洛德寺院。这件事记载于兰普列希：《德国经济生活》，第3卷，第24页以下。

[15] 参考前引《卢昂大主教出巡教区日记》，1268年，卢昂大主教劝告一个住持说：“谁有办法就把庄园和庄田交给他”(第607页)。他本人就曾将若干庄园分别以2至4年为期出租给市民和书吏(第766页以下)。

[16] 布鲁特斯：《中世纪鲁西荣乡村居民情况研究》，第117页以下。

[17] 伯格诺：《奥林姆议会律令汇编》，第2卷，第770页。

[18] 前引布洛克：《法兰西乡村历史的特征》，第23页。

第四章

至 13 世纪末期为止的商业

一、贸 易 活 动[1]

中世纪的商业，如果考虑到该时期人和物资的移动所遭遇到的各种困难，就更显得具有惊人的活力。9 世纪以后的道路是再坏不过的。罗马时代令人钦佩的公路网，到这时已全化为乌有了。然而，过去用来保养公路的过境税卡却还保存着，而且还添设了不少新税，这些捐税都同样地沿用古代的名称“市场税”。但是，它们已经完全失去了最初的公共目的，只不过是一些无益而又十分令人讨厌的税制的残余罢了。中世纪时，为地方诸侯所搜刮的过境税，变成了单纯的财政征敛，成为过境者的沉重负担。其中连一分钱也未作为修桥铺路之用。这种压在商业上的赋税就像压在土地上的各种封建权利一样沉重。付税的商人把它看作纯粹是“勒索”，是“罪恶的惯例”，是对他们货物进行无理的征敛，简单地说，就是横征暴敛；而它也确实就是这样。在货运途中，再也没有任何障碍比这种过境税更普遍、更可恶的了。

显然，新兴城市的第一个要求便是它的市民必须摆脱这种税，或是局部豁免，或是在该城市所在的诸侯管辖区内全部豁免，就像很多寺院以前曾以尊敬神明为理由而获得了豁免权一样。从12世纪以来，最富足的自治城市甚至在其商人常去的外国也获得了豁免权。[2]但是，不论免税的情况如何多，过境税始终是一切往来大道上的障碍。在15世纪末，莱茵河上仍设有64个过境税卡，易北河上有35个，多瑙河仅在通过下奥地利的一段就有77个。[3]

因此，商业不但由于道路太坏，同样也由于财政的剥削，而遭到压制和阻碍。冬天的时候，通过全是水和烂泥的道路，由这一地方转移到另一地方，几乎是不可能的。道路的修补保养是交给道路所在地的主人，或者交给那些与此有利害关系的人们。伦巴迪亚当局似乎从不曾考虑改善阿尔卑斯山的通道，而这条道路对意大利与北欧的交通却非常重要。关于这条道路的任何改善，看来都是由旅客、香客和商人们自动去做的。塞尼山、勃伦纳、塞普第麦和圣·伯纳德等通道都是早期最通行的大道，而在13世纪初，圣哥达大道开始通行。我们所知道的在这条路上的第一座悬桥，是一位不知名的发明家所建造的，费用无疑是落在过路者的身上，从此就在米兰和莱茵河流域及多瑙河流域之间开辟了一条最直接的道路。只有在那不勒斯王国，霍亨斯陶芬和安格芬的君主专制政府因学习拜占庭帝国和伊斯兰教西西里王国的榜样，行政当局才采取了某些修补道路的措施。[4]在法兰西，皇家政府把道路的管理交给那些使用道路的人们，就是对首都周围的道路也是如此。1332年时，根特的人们竟自己出钱来修筑从桑利斯开始的这一段道路。以便他们的货物能够快些运往巴黎。[5]

人们对建筑桥梁比修路的兴趣更大；没有桥梁，巨大的河流也就会成为异常不便的障碍。但是真正重要的，因而也是需要大笔费用的桥梁还是建筑在城市里，大多数桥梁无疑都是由市民们出资建造的。例如，马斯河上的马斯特里赫特、列日、惠伊、纳缪尔和迪囊等地的桥梁，塞纳河上的巴黎、卢昂等地的桥梁以及泰晤士河上的伦敦大桥等等都是如此。

交通工具自然也与道路的恶劣状况相适应。轻型的两轮车一般用于运货，但很多货物都是用马驮的。在那个时候要由陆路运送大量货物，必须分开由许多车辆和牲口装运。重型的四轮车在没有铺修过的道路上用途非常有限，这是当然的。如果当时的交通工具不是那样糟糕的话，10 世纪时拉车马的改进就不会获得那样大的效果。[6]

陆路通道的不足使水路成了卓越的贸易路线，尽管夏旱、冬冻以及春秋的泛滥常常阻碍着航行；就是这样，水路还是交易和运输的重要工具。在改进水路方面，人们用尽了一切力量：河堤修筑起来了，并在方便的地点修建了码头和停靠的地方。在法兰德斯平原上，为陆地所阻抑的水流平缓，所以有可能开凿运河，引入河水，以利交通。其中最古老的运河可以追溯到 12 世纪，但却是在 13 世纪里运河的数目才多起来；其数目之多可以鲜明地说明这个地区的商业活动。由一个低于一个的木制水闸分段维持着必要的水位。船只越过这些水闸时，用绞盘和绳索牵引着滑过斜板。这一套设备就称作“牵越”。开凿运河所需的费用有时由各城市负担，有时由商人团体负担。通过运河的船只要缴税，这种税和封建诸侯的过境税很不相同，是用以支付设备及其保养的费用。[7]

很自然，海上贸易比河川贸易具有更重要的地位。在航海者的罗盘被广泛使用以前，船只不得不沿着海岸行驶；在地中海方面直到 14 世纪，在北海方面直到 15 世纪都是这样。除了很短的航程以外，它们都是结队而行，常常是由战船护航——这在当时是必不可少的防范，那时海盗的劫掠非常盛行，就是商人们自己遇有机会也会昧起良心干这种勾当的。当时船只的载重量由 200 吨到 600 吨不等。[8]在地中海方面主要是使用快速桨船。在北海和波罗的海方面的法式载货帆船和大桡船都只是一种帆船，高高地浮在水面，四围都是圆圆的样子。13 世纪初航运的臻于完善改进了所有船只的航行性能。[9]但那时这些船只从不敢冒险在冬天的大风中行驶。一直到 14 世纪初，意大利的一些船只曾例外地越过了直布罗陀海峡；但是，在 1314 年威尼斯和热那亚就组成船队前往法兰德斯和英格兰了。[10]至于在北海海面上，自 12 世纪以来就取代了斯堪的纳维亚人的地位的汉撒人，他们的船只往南最远不越过比斯开湾，在那一带他们驶入部尔纽夫湾买盐，驶入拉罗舍尔购买酒类。

港口的建立使简单的仓库、起重机和卸货驳船有可能设置起来。南方的威尼斯港口、北方的布鲁日港口是欧洲最安全和管理得最好的港口。教堂的楼塔、大小钟楼均充作船舶接近陆地时指明航道的标志。有时，这些楼塔顶上装设着信号灯，作为灯塔。船只卸货后常拖上岸进行修理。

当时所有的货运都受到内地层层过境税的阻挠，但是在行政区划的边缘处却完全没有什么障碍，这至少在一定程度上也是对上述不利条件的一种补偿吧。在 15 世纪以前，保护主义的初步征象还没有开始出现。此时以前，还没有露出一点迹象要对本国贸易施以优惠，以保护它们同国外进行竞争。在这方面，直到 13 世纪仍成为中世纪文明特征的国际主义，在各个国家的行为中表现得特别明显。它们从来不曾在控制商业活动方面作过任何尝试，我们也决找不到什么可以叫做“经济政策”的迹象。自然，各诸侯之间的政治关系在经济方面也是有影响的。在战争时期逮捕敌方的商人，没收他们的货物，夺取他们的船只。禁止贸易是压制对方的通常手段。在 13 世纪和 14 世纪里，英格兰的国王们在和法兰德斯作战的时候就禁止羊毛输往该地，以图引起该地的产业危机，迫其就范。但是这些都不过是协助武力的方法，是不会延续很久的。一旦和平恢复，也就一切如常了；以夺取对方的市场或是侵占对方的产业的方法来打垮敌人，这种想法当时是没有的。总之，中世纪的王侯没有一点重商主义的色彩；也许，腓特烈二世和他那不勒斯王国的安儿温斯朝的继承者们算是例外吧。确实，在那里我们可以发现在拜占庭人和西西里、非洲的伊斯兰教徒的影响之下国家干涉经济的萌芽。国王保留着小麦贸易的独占权，并且在边境设有经常的海关管理。国王所注意的无疑单纯是为了收入，但是他既然控制了商业，也就开始了一个新的方向，从而预示着现代国王们所采取的政策。[11]然而，那不勒斯国王们是过分地超越了他们的时代，其活动的范围也过分地狭隘了，因而竟没有什么人去仿效他们，而他们的举措在 1282 年安朱 · 查理士垮台以后似乎就没有留传下来。

从商业上为诸侯们谋取财政来源的办法，所有的政府自然都会想到。每一个地方的外国人都必须缴纳特殊的税，而且，除非他有条约的保护，否则他的货物在地方诸侯有需要时就有被征收的危险。然而，诸侯既压迫商人，同时也在保护商人。无论在哪里，商人就像香客一样，受到他所经过地区的诸侯的特殊保护。公共安全保障着商人。亦有一些诸侯名副其实地赢得了“盗匪的无情审判者”的声誉。虽然直到中世纪末，甚或更晚一些，还存在着相当多的为商人所恐惧的骑士和爵士，但到 13 世纪初，可以说这些可怕的“强盗骑士”只是在荒僻的地区或是在处于混乱状态的国家里才存在了。从那时以后，凡在政府坚定地建立了法庭的审判权和官员的权威的地方，和平时期发生抢劫就肯定是例外的事。与此同时，一些与经济发展已不相协调的措施也加以修改了。当地诸侯用以占有被海水冲上岸来的一切东西的“失事船”货物权被废除了，或者是改用缔结条约的方法来办理了。同样的，签订了愈来愈多的协定，以保证外国商人不因对他们的诸侯或同国人的债务而遭逮捕。所有这些原则在整个 13 世纪是日益牢固地确立了，但在实施中则由于缺乏制裁手段而时断时续和不稳定。尽管如此。安全的感觉还是在加强，暴力的作用在缩小；一种特别有利于国际贸易和劳动的精神状态逐渐确立起来了。

在起初的时候，威胁着商人们的种种危险迫使他们结成带有武装的巨大商队。安全的取得只能以武力为代价，而武力只能来自联合。这种情况也发生在意大利和尼德兰这两个商业发展最快的地方。罗马民族和日耳曼民族在这方面是没有什么不同的。不管这些联合的名称是什么，不管是“驰骋会”、“慈善会”、“商业团体”、“基尔特”，还是“汉撒同盟”，其实质都是一样的。在这里，像其他场合一样，决定经济组织的并不是民族的天才，而是社会的需要。最早的贸易组织就像最早的封建组织那样广布于世界各地。我们有足够的资料可以对 10 世纪以后在西欧人数愈来愈多的商队勾画出一幅非常清楚的图画。大队的成员用弓和剑武装起来，包围着驮着货物的马匹和满载着袋、捆、箱、桶的车辆。走在大队前面的是旗手(持盾者)，有一个领袖——“商帮老大”或“会长”带领和管理这个为忠诚的誓言所联合起来的“兄弟”团体。一种紧密团结的精神激发着整个团体。显然，商品是合起来买卖的，利润是根据每人的份额按比例分配的。[12]在那个时代，价格主要决定于进口货物的稀缺程度，而稀缺程度又是随着距离而增长的，故运输路途愈长，获利的希望就愈大。强烈的获利欲望足够抵挡颠沛生活中的艰苦和风险，这是不难理解的。从 12 世纪初以来，迪囊人前往遥远的果斯拉尔矿去获得铜的供应，科隆、惠伊、法兰德斯和卢昂的商人常往伦敦港口，而一些意大利人也出现于伊泊尔的集市。除了在冬季以外，具有创业精神的商人不停地跋涉在大道上，在英格兰他们很恰当被冠以一个生动的名字——“灰脚”。[13]

在这些流浪的人群中，不久就出现了一些团体，因商业活动必然随着商业的发展而走向专业化。在塞纳河流域，“巴黎水上商人公会”专门从事内河航运，远达于卢昂；[14]在法兰德斯方面，12 世纪时，一个称作“伦敦商人公会”的城市基尔特同盟成立了，专门从事对英格兰的贸易。[15]在意大利方面，由于香槟集市的吸引，形成了意大利香槟集市商人及法兰西王国经常赶集商人总会。原由 17 个城市组成的汉撒同盟，现在又包括了法兰西北部和尼德兰一些纺织城市的商人，这些城市也是同香槟进行贸易的。[16]

从事海上贸易和陆路经商一样，商人也是漂泊不定的。他也要亲自照料一切，自己带船到出售货物的地方去，自己买货回航。但逐渐到后来，资本主义进一步发展，要求营业的首脑留在他们事业的中心地点，和平和安全的环境使得远程货运安全入港比从前靠得住了，而且商人们的教育程度也提高了，因而能够通过函件往来进行营业。这样，亲自押运货物渐渐没有那样需要了，商业生活也渐渐安定下来：运输从商业中分离出来，成为一个有着自己专业人员的特别行业。[17] 大商号的负责人在国外的分支机构有合伙人或代理人作为他们的代表。 这样的商业体系 13 世纪后半叶在意大利已经大有发展，而且那时以后也日益盛行于其他地区。 除了在海上，由于海盗关系，在好几个世纪当中商船在长程航行时仍需武装外，商业从今以后是能够去掉那些在早期用来保护自己的军器了。

二、集　　市[18]

中世纪经济组织中最显著的特点便是集市的重要地位，特别到 13 世纪末更是如此。 每个国家都有很多集市，而且每处的集市都具有相同的基本特点，因此，它们可以看作是一个国际性的现象，是欧洲社会条件中的内在产物。 在商业还不固定的时代，集市达到全盛；后来商人们慢慢坐定下来，集市也就随着衰落了。 至于在中世纪末期形成的那些集市，与以前的集市是完全不同的，而且，从各方面看来，它们在经济生活中的重要性与以前的集市也是不能比拟的。

从 9 世纪初叶起，在欧洲各地出现了愈来愈多的地方性的小市场，但是，要从这些小市场来找出集市的起源，是不会有什么结果的。 虽然在这些小市场以后接着出现了集市，但集市和小市场之间却没有什么渊源联系，事实上，集市和小市场恰恰成了最显著的对照。 地方小市场是为了供应当地居民日常生活所必需的食物，所以它们每周举行一次，招徕的范围很有限，它们的活动也只限于小规模的零售业。 相反地，集市却是职业商人们定期集会的场所。 它们是交易的中心，特别是批发交易的中心，它们吸引着尽可能多的人和货，不限于当地的需要。 它们可以和国际展览会比较，因为它们不排除任何种类的货物或任何人。 任何人，不论其来自何国，每一种货物，只要其能够买卖，也不管其性质如何，都一律受欢迎；并且，由于需要巨大的准备工作，故在同一地点，集市每年只能举行一次，最多不能超过两次。诚然，大多数集市招徕的范围只限于一定的地区，只有12世纪和13世纪的香槟集市才吸引了整个欧洲的商人，但重要的是，在理论上，每个集市对所有的贸易都开放，就像每个港口对所有的船只都开放一样。集市和地方市场的区别并不单纯在于规模大小的不同，而且还在于它们之间的性质不同。

巴黎附近的圣丹尼集市，是自墨洛温王朝以来就有的一个集市，它在中世纪的农业时期，只是静悄悄地存在着，也没有什么集市是效法它而兴起的。但是除了这个集市以外，其他集市都是在贸易复兴时才出现的，其中最老的在11世纪形成，到12世纪集市已经很多，直到13世纪还在增加。它们的地点自然是由商业的巨大动向所决定的。贸易在各个国家愈来愈活跃，愈来愈重要，集市的数目也就随着增加。只有地方诸侯才有权设立集市。诸侯们常常把集市举办权授予一些城市，但并不是每个重要的中心城市都有集市；有些第一流的城市，如米兰、威尼斯，就一个集市也没有。在法兰德斯，虽然在布鲁日、伊泊尔和利尔都有集市，在梭罗特和墨西拿这样一些很小的市镇也有集市，可是在根特这样活跃的中心城市却没有集市。同样，香槟的来格纳和巴尔两地都是无关紧要的地方，但所举行的集市却赫赫有名。

可见，一个集市的重要性与它的所在地是没有关系的。这个道理很容易明白：集市只不过是远方顾客定期集会的场所，参加集市人数的多少并不依赖于当地人口的多寡。只是在中世纪下半叶，举办集市的唯一目的是为了招徕临时的顾客，为举办集市城市提供额外的收入。显然，在这种情况下，首先要考虑的是当地贸易，而这时集市这种商业组织也就离开了它最初的和主要的目的了。

集市在法律上享有特权地位。举办集市的土地是有特殊协议作为保护的，如有人侵犯它，必将受到严厉的惩罚。前往赶集的人受地方诸侯的保护。“集市警卫队”维持着集市的秩序并且行使着一种特殊的司法权力。经他们盖过图章的契约具有特殊的约束力，同时，为了广泛吸引前来赶集的人们，还设置了一系列的特殊权益。例如在康布雷，每逢圣西蒙和圣柔德集市开市的时候，人们有权可以掷骰子、玩纸牌。“宴饮和游乐最具有吸引力。”[19]但是最有实际效果的利益还在于集市所给予的“特许权”，这种“特许权”使赶集的商人在集市以外犯了罪或欠了债，别人不能对他进行报复性的处分，也不能在他赴集市期间没收他的土地，这种“特许权”还规定在集市期间暂停诉讼和法律处分。然而，最受珍视的则是暂停禁止取息放款的法规，同时也规定了利率的最高限额。

如果我们研究一下集市的地理分布，立刻就可以看出：最繁忙的集市都集中在由意大利和普罗凡斯通往法兰德斯海岸的贸易大道靠近中点的地方。这就是“香槟和布里”一些著名的集市，这些集市在一年之内一个接一个地开市。第一个是在1月间开市的马恩河岸的来格尼地方集市，其次是在大斋节中开市的巴尔集市，5月是普罗凡斯的第一个集市，叫做“圣揆里阿斯集市”，6月是特洛瓦的“热市”，9月是普罗凡斯的第二个集市，叫做“圣阿伊奥集市”，最后，到了10月由特洛瓦的“寒市”来结束这一年的集市循环。在12世纪，这些集市大约连续开市6个星期，其余时间则为货物运转所需要的间隔期。普罗凡斯的一些集市和特洛瓦的“热市”，由于开市的季节性关系均成为最重要的集市。这些集市之所以成功，无疑是因为它们的地点太好了。早在9世纪，商人的数目虽然不大，但是他们已经出现于香槟集市，这一点是毋庸置疑的。路·德·番里埃尔信里所提到“批发商人住所”设立于奥伯县的卡帕地方。[20]贸易复兴以后不久，通过香槟的商业活动愈来愈多，这促使那里的伯爵在他们所辖的邻近地区设立集市，给予商人们方便，从而攫取最大的利益。1114年，巴尔与特洛瓦的集市已经存在了一些时候，无疑地，来格纳与普罗凡斯的集市也存在了一些时候。在这些集市的附近还有建立于塞纳河沿岸的巴尔、马恩河沿岸的夏龙、提埃里堡以及塞纳河沿岸的诺根等地的集市（不过这些集市的成就不大）。与香槟等一些集市相当的，是沿香槟集市至北海这条线的末端的

5 个法兰德斯集市：布鲁日、伊泊尔、利尔、梭罗特、麦辛。

定期集市这种商业组织形式在 12 世纪异常迅速地发展起来。早在 1127 年，法兰德斯集市与香槟集市之间就存在着活跃的联系，因为加尔伯特曾经描述过，当善人查理伯爵被暗杀的消息传出时伦巴第商人从伊泊尔集市仓皇逃走的情景。法兰德斯人在香槟集市建立了固定呢绒市场，由他们自己或假手于他们的意大利与普罗凡斯主顾，把呢绒从香槟运到热那亚，再由热那亚运往利凡特的海港。[21]作为交换，法兰德斯人从香槟输入丝织品、金银器，尤其是北方水手所需要的香料，北方水手在布鲁日购买香料的同时，也购买法兰德斯的呢绒和法兰西的酒。13 世纪时，商业关系的发展达到了高峰，在香槟的每一个集市上，法兰德斯的呢绒商人沿市镇搭起了很多“帐篷”，陈列他们的呢绒。“集市的书吏”不断地骑马往返于香槟与法兰德斯之间，传递商人的信件。[22]如果说香槟集市的重要性有赖于它们与意大利商业以及法兰德斯工业之间早就建立的联系的话，那么可以说，这些集市的影响已远及于西欧各地。“在特洛瓦的集市上有一所德国的房子，还有属于芒特皮利耶尔、巴塞罗那、瓦伦西亚、累里达、卢昂、蒙托蓬、普罗凡斯、奥佛尼、勃艮第、毕加第、热那亚、克勒蒙、伊泊尔、杜埃、圣奥梅尔等地商人的市场与旅舍。”在普罗凡斯，伦巴第人设有特别的住所，该城有一个地区叫做“日耳曼住宅区”，正如在来格纳有一个叫做“盎格鲁的住宅区”一样。[23]

把人们远远地吸引到香槟集市来的，并不仅仅是商品的交易。在香槟集市上的结账既频繁又重要，人们很快地把它们饶有风趣地称为“欧洲的货币市场”。[24]每一次集市，在第一次发售时期以后，接着就是付款的时期。此项支付不仅包括清理本届集市结下的债务，并且往往包括清理以往集市期间所结存的债务。12 世纪以后，这种支付活动导致了信用机构的设立。这似乎就是汇票的起源。在这件事情上，对商业惯例远比大陆人民熟悉的意大利人，无疑起了主导作用。当时汇票不过是一种书面的允诺：在结下债务的地方之外的某个地方，偿付一定数目的钱款，用法律名词来说，汇票是“在指定地点可以兑现的字据”。签发汇票的人事实上负责在另一个地点向债权人或其代表付款(这是当时汇票的现行条款)，有时，签发汇票的人通过自己的代表向债权人付款(这是当时汇票的附款)。参加香槟集市的人十分广泛，大多数的债务都可以在香槟的某一个集市支付，不管债券是在什么地方签订的。举凡商业债务乃至个人、诸侯或宗教组织的单纯借贷都是这样的。而且，由于全欧的市场都与香槟集市有接触，造成了13世纪时香槟集市所产生的用划汇清偿债务的办法。这样，13世纪欧洲的定期集市就起了萌芽中的票据交换所的作用。大陆各地的人都涌向香槟，不难设想定期集市如何诱导它们的顾客加入佛罗伦萨人与西恩那人所使用的完满的信用组织中去。在货币贸易中，佛罗伦萨人与西恩那人是占有优势的。

香槟集市约于13世纪下半叶发展到了高峰，14世纪初开始衰落。固定的商业代替了行商，无疑是集市衰退的主要原因，同时，从意大利的一些港口到法兰德斯及英格兰一些港口的直接航运的发展，也是一个原因。1302年至1320年，法兰德斯与法兰西诸王之间长期的互相残杀，也促成了香槟集市的衰退，使它们失去了最积极的北方主顾。稍后，百年战争使香槟集市受到了致命伤。从此以后，曾经为全欧商人所涉足的交易中心便不复存在了。但是，人们从香槟集市所学得的经营方法却开辟了经济生活的道路，其中通信与信用制度的普遍使用使商业界能够避免到香槟的旅行。

三、货　　币[25]

德国经济学家创造了“自然经济”这个名词，来描述货币发明以前的时期。“自然经济”一词，究竟能否说明经济发展最初阶段的交换性质，不在本书研讨范围之列。不过，应该研究一下：对12世纪复兴以前的中世纪初期说来，“自然经济”一词适用到什么程度，因为这个名词往往是用来说明中世纪初期的。把这一段时期称为“自然经济时期”的作者们，显然并不希望人们从绝对的意义来理解自然经济。他们明知道自从货币发明以后，西方的所有开化了的民族都继续使用货币，罗马帝国也从未间断地把货币的使用传给了它的许多继承国家。因此，当人们把中世纪早期称为“自然经济时期”的时候，就意味着货币的作用小到无足轻重的地步了。无疑地，这种论证很有理由，但是我们也应该防止夸张。[26]

首先，如果认为物物交换已经替代货币成为正常的交换工具的话，那就错了。在社会的相互关系中，往往实行物物交换，无论在过去或现在都是这样。自从货币发明以后，物物交换从来没有取代货币的职能。人们为了贪图方便或权宜之计实行物物交换，把它作为货币的暂时的替代物，但并没有使它取代货币的地位。历史材料也无可置疑地证明了这一点。从9世纪到12世纪，人们始终是用货币标价，似乎从来没有考虑过用货物来支付。略一涉猎教会法规，就可以看出，在物物交换最为便利的地方市场上，小笔交易也是用第内拉德来支付的。不仅如此，教会法规还正式规定了收受货币的义务。再者，众所周知，自从加罗林王朝以后，领主在授予市场权的时候，往往把铸币权同时授予市场主人。市场权与铸币权的结合，明显地证明货币被正常地用作价值的尺度与购买的手段。大小款项的支付都是这样。在饥荒的年代，寺院用硬币从外面购买必需的食品，同样，在丰收的年代，寺院就把剩余的酒与谷物换成货币，而不是换成别的东西。

面对这样证据确凿的事实，较后时期的一些传说，例如说法兰德斯伯爵鲍尔温三世(958～962年)曾规定不使用货币的交易办法：两只母鸡换一只鹅，两只鹅换一只小猪，三只小羊换一只大羊，三头小牛换一头大牛，[27]都是不可信的。总之，在中世纪农业时期，一切商业交换都是用货币进行的。这种传统并未中断。如果说自然经济代替了货币经济，那是不正确的。

但是，如前所述，这个时期的商业是不占重要地位的，因为商品的流动很少，因此只在有限的贸易范围内进行的货币流通，必然也很少。向大领地所缴纳的赋税，是当时社会平衡所依靠的主要的经济赋税，几乎完全不用货币支付。在大领地上，佃农用实物向领主纳税。每一个农奴、每一个庄田主人都担负一定日数的劳役、一定数量的农产品或手工产品，如谷物、鸡蛋、鹅、小鸡、小羊、猪、大麻、亚麻或毛织品。不错，他们还得缴纳几个便士，不过这几个便士所占的比例极小，因此并不能阻止人们得出大领地经济是自然经济这样的结论。大领地经济之所以是自然经济，因为它不是交换经济。它没有市场，只在一个狭小的范围内活动，受传统的惯例限制，只生产供自己消费的东西，与外界没有联系。在这种制度下，对一个依靠土地过活的领主说来，最实际的办法显然就是让佃农来耕种他的土地，然后从佃农那里取得他从别处得不到的生产品。而且，领地上的维兰既然不在领地以外出售任何东西，那他们又从什么地方获得足够的货币来缴纳所担负的赋税呢？中世纪大领地活动的条件本身就造成了用实物支付、收纳赋税的必要。由于大领地并不从事商业活动，因此没有使用货币的必要，而相反地，没有货币，商业本身就无法维持。当领地经济在贸易的影响之下解体的时候，货币支付代替了实物税就是这种转变的一个主要特征，这完全是事实。

因此，把9世纪至12世纪这一段时期称为“自然经济”的说法，既是错误的，也是正确的。如果我们说在这个时期货币不再是交换的正常工具，那就错了，因为在所有的商业交易中，货币仍然是交换的正常工具。如果说我们的意思是指货币的流通与重要性都有限，因为在这个时期大领地经济的整个组织并不需要货币，那就是正确的。换言之，凡属于买卖而引起的每一笔支付都使用货币，而一切无偿的赋税支付都是由自然经济决定的。

欧洲在“旧制度”之下的货币制度以及今日庞大的英帝国的货币制度，都是当货币流通降至最低水平的时期所确立的。这个事实看起来似乎奇特，却极为重要。从墨洛温王朝到加罗林王朝，货币流通量无疑发生了急剧的下降。当伊斯兰教徒的入侵封闭了第勒尼安海的时候，造成了西方世界与古代经济的脱节，这种古代经济直到那时仍保持着其基本特征。分裂西方帝国的蛮族王国，仍沿用君士坦丁堡的金币索里达作为它们的货币本位，尽管这些货币铸上了不同的国王的名字，成了一种真正的国际货币，从叙利亚到西班牙，从非洲到高卢北方边疆都在普遍使用。[28]但是，由于西方遭受因封锁所造成的巨大灾难，这种货币没有能够保存下来。9世纪初，加罗林王朝成了一个完全从事农业而没有商业活动的国家，货币已经不见了。只是在弗里西亚和西班牙的边地这些贸易仍旧残存的地区，在诚笃者路易统治时代铸造了若干金币。[29]接着，诺曼底人的骚动与萨拉森人的入侵，使古代货币的最后遗迹也消失了。由于地中海贸易中断而被逐出西欧的黄金，在以后的许多世纪中不再是交换的媒介了。从矮子丕平统治时代起，银币代替了金币，在银币方面正如在其他许多别的方面一样，查理曼完成了他父亲的工作，使它具备了最后的形式。

在查理曼的一切改革中，最为持久的就是货币制度，因为直到现在，在英镑通行的地方，这个制度仍旧存在着。它表现为一种与罗马货币制度完全不同的制度。从这个制度中，正像从这个伟大帝王的整个政策中一样，可以看出一种适合事物实际情况的愿望，就是使立法适合社会的新状况，去接受事实，服从事实，以便从混乱中产生秩序。在货币制度上最能表现出查理曼是一个有创造性的、务实的天才。他认识无疑到了在一个退化到农业国家的社会里货币将要起的作用，并且决定向这个社会提供一种适合它需要的硬币。查理曼的货币改革正适应了没有市场的乡村经济时代，这个改革的伟大与独创性就在于认清了事实。

加罗林王朝的货币制度也许可以简单地称之为“银单本位制”。在名义上，国家仍旧可以在一两年中偶尔铸造一些金币，但是事实上只铸造银币。这种货币单位是重491克的新镑，远较327克的罗马镑为重。[30]1 镑分为 240 个纯金属的第尼尔或便士。这些银便士(每枚重约 2 克)或半便士，就是当时真正的流通货币，即硬币。与它们同时并存的，还有表示数目的计算货币，各相当于一定数目的便士：索亦称“先令”，相当于 12 个便士，立弗尔亦称“镑”，相当于 20 个先令。这样，1 镑就等于 240 个便士。[31]便士与先令是当时流行的唯一的低值货币。这是与当时的时代需要相适应的，因为当时的大多数交易都是小数额的零星支付。这种货币显然不是为大笔交易设置的，它的主要使命就是为教会法规中屡次提到的、用第内拉德进行买卖的地方小市场的顾客服务的。

再者，国家极其注意保持货币的标准重量与金属成分。国家把铸造货币的独占权力掌握在自己手里，并且由在自己监督下的为数不多的几个造币厂进行铸造。伪造货币者会受到极严重的处罚，而拒绝在支付中收纳法定的第尼尔的人也会受到处罚。此外，货币的流通也很有限。铸造货币的原料，大部分为墨洛温王朝或罗马时代的古代小银币，或者是来自从蛮族人那里掠夺来的战利品，还有来自高卢的少量的银矿石，例如在亚奎丹的麦利所产的银矿石。流通的货币不断地收回改铸，由王家造币厂打上新的印记，这无疑是要防止货币伪造者的活动。

加罗林王朝分裂后所产生的国家，都采用了查理曼的货币制度。它们都采用银第尼尔作为流通货币，把索和立弗尔作为计算货币，不管它们把银第尼尔叫做“芬尼”或是“便士”，或把索和立弗尔叫做“镑”和“先令”，但这些名称所包含的实质是不变的。在西方保持着金币的地区，只是诺曼底人占领以前拜占庭统治下的意大利南部、西西里或被伊斯兰教徒征服的地区，如西班牙。在 1066 年英格兰被侵入而处于全面被统治时期以前，盎格鲁—撒克逊人也铸造过一些金币。

但是，9 世纪下半叶加罗林王朝的解体与王朝统治的崩溃，无疑对货币组织也产生了影响。如果说这种货币制度的特征是无处不在的，那么也可以说实际上到处都发生了变化。在王室陷于无政府状态的时候，封建诸侯迅速地攫取了造币权，而国王自己也把造币权赐给了若干教会。结果在整个西方，凡是享有最高裁判权的大领地，都发行了不同的银第尼尔，由此造成了巨大的混乱。不但货币的种类繁杂，而且由于缺乏任何有效的控制，货币的重量与质地都大大地下降了。在各领地中，不同的货币纷纷代替了查理曼的镑。从11世纪起，德国通行着一种新的货币，即重为218克的马克，这种货币大概起源于斯堪的纳维亚。还产生了其他各种马克，其中最著名的有科隆的马克和特洛瓦的马克。在这些造成混乱的原因以外，还有一个最为严重的原因，那就是诸侯们滥用造币权。他们定期地把流通的货币“收回”，送往造币厂改铸为重量较轻、成色较差的货币，再重新发行。两者之间的差额就进了诸侯的腰包。这样，货币的真正价值就迅速降低。查理曼的优良的银便士就被含有大最铜的货币所替代。到了13世纪中叶，第尼尔已大多不再是银的，而几乎是黑色的了。

这种混乱不仅是由于政治上的无政府状态，而且也是由于当时的经济状况所造成的。既然商业已经近于消失，币制的不同所造成的货币流通的障碍也就没有什么意义了。在交易完全限于地方市场的社会里，人们对于仅通用于一个地区的货币是十分满足的。商业交易的缺乏引起货币流通的不足，而在贸易降至最低限度的时代，人们对于质量低劣的货币并不感到太苦恼。

11世纪末所发生的经济活动，必然要求恢复货币的流通性。在此以前，这种流通性在发行货币的中心区域的四周地区曾经停滞过。货币开始随着商人旅行了，各种货币都被商业从四面八方吸引到市镇与集市里。货币流通的增加，造成了金属供应的不足。12世纪中叶弗赖堡银矿的发现，提供了银币材料的新来源。但是供应不足的情况一直持续到中世纪末叶。直到15世纪中叶萨克森、波希米亚、提罗尔、萨尔斯堡与匈牙利等地的银矿发现以后，银的年产量才大大地增加了。

诸侯们利用货币流通的增加来谋取私利。他们既然握有造币权，就认为有权利用它来为自己的财富服务，而不顾这是损公自肥的举动。当货币对经济生活日益成为不可缺少之物的时候，垄断造币权的人就愈益贬低货币的价值。尤其是13世纪以后，发行币值日益贬低的货币的举动更形普遍。人们不断地收回货币，改铸，降低它的质地，然后重新发行。这种活动在德国尤为普遍，在德国，在阿斯卡尼亚的柏拿尔32年的统治期间，货币的改铸或者说货币的贬值，每年平均3次。[32]

在城市居民势力对封建诸侯的那种与工商业利益绝不相容的专横跋扈有所约束的地方，情况当然比较好一些。例如，1127年，法兰德斯圣奥梅尔的市民从阿尔萨斯提埃里伯爵那里获得了造币权。第二年，这项权力被取消了。[33]不过无论如何，它所表现出来的当时的社会见解仍是不可忽视的。正因为这个缘故，所以尽管法兰德斯的货币不能避免中世纪一切货币的贬值命运，但它始终保持着相对的优越性。在莱茵诸国被广泛使用的科隆第尼尔，在12、13世纪也同样表现出了显著的稳定性。[34]在英格兰，造币权专属于国王，因此英格兰货币的成色比其他国家的为优。在大陆上由于许多诸侯篡夺造币权所造成的恶果，对英格兰货币的影响较小。

封建国王对这种篡夺，自然会迅速予以反击。但在德国与意大利，从13世纪以来封建国王权力的没落，使它们毫无收复造币权与其他权力的意志。事实上，它们日益把这些权力让给了许多诸侯和城市。在法国，相反地，自从腓力奥古斯都统治时期起，王室的权力日益恢复。在法国，货币特权被封建贵族所篡夺的情况，本来比其他地方更为严重。在摸伯特王朝早期，享有造币权的诸侯约有300多人。国王经常瞩目的就是在力量足够强大的时候，恢复这项权力。他的努力获得很大的成功。到14世纪初，保有自己的造币所的诸侯，只有30人左右了。1320～1321年，"长人腓力"拟订了一个在全国范围内建立单一币制的早熟的计划。[35]

国王们恢复王室的铸币权，完全是出于对主权的考虑。他们把货币铸造当作是最为可贵的财源之一，完全不是为了杜绝诸侯舞弊以及保持货币金位。因此，当王室恢复造币权以后，货币并没有比从前更为稳定。随着朝代的更迭，货币的质量日益低劣。一道一道的法令，都要求按照国王的需要来提高货币的名义价值，而其实际价值却不断地下降。货币价值的升降，依国王是债权人或债务人而定。“美男子腓力”的作为，不过是符合当时的惯例而已。如果不是我们的这个时代向我们提供了由于其他原因所造成的货币混乱情况，我们就会认为当时货币的经常动荡不定和货币流通上的长期混乱，会使商业往来成为不可能的事情。

造币技术不高，不能保证造币厂生产的货币重量一致、标准相符，也增加了混乱。剪窃货币边缘的人，容易从流通的货币上有所收获，而活活煮死货币伪造者的刑罚，也不能阻止他们从事这种大为有利的勾当。

从12世纪末期起，通货的混乱已经达到了绝对需要进行改革的程度。通货改革开始于当时最大的商业中心威尼斯，这是很有意义的。1192年，威尼斯共和国总督亨利·丹多罗下令铸造了一种崭新的货币格罗特，它比两克银略重，价值等于12个旧第尼尔。格罗特相当于加罗林王朝的索，其差别是：索原为一种计算货币，而格罗特是流通货币。查理曼的制度并未废除，新货币仍保持其货币铸造的比率。由于第尼尔不断地贬值，现在使用的是一种新的第尼尔，比原有的价值大12倍(格罗特的名称就是这样来的)。事实上，新的第尼尔与旧日的索相当，索仅仅是一种数字，而现在的格罗特是通货的一个主要部分。换言之，新制度仍旧忠于旧制度，只是新制度规定的货币金属价值，比旧制度规定的大12倍。旧的第尼尔并没有被禁止流通。格罗特取代了第尼尔的地位作为商业的货币，而使第尼尔实际上降低到较小的兑换等级。

威尼斯的格罗特完全适应了商人们的要求，于是伦巴第和托斯卡那诸城市纷起仿造。不过，在阿尔卑斯山以北，也作了一些努力以挽救已不能容忍的货币贬损。德国的情况似乎最坏。在德国出现了赫勒银币(由于首先在施瓦本的赫勒铸造而得名),这是一种新的第尼尔,其重量与质地都比旧的优良。在英国,12世纪末期,出现了先令银币。这也是一种改进了的第尼尔。唯有法兰西因受到意大利事例的激励,发现了真正的补救办法。1266年,路易九世铸造了格罗斯托诺斯银币。不久以后,又铸造了格罗斯巴里斯银币,其价值约高于格罗斯托诺斯1/4。这两种货币很快地散布到全欧洲,正如当时的哥德式艺术、骑士文学和礼仪从法国传播出去一样。香槟集市对这两种货币的传播无疑起了很大的作用,促使它们成为国际的通货。在法兰德斯、布腊班特、列日和洛林迅即铸造这种货币。1276年,摩泽尔河流域也出现了格罗斯托诺斯银币,它在德国被称为"格罗森"。13世纪末期以前,格罗斯托罗斯传布到科隆,并由科隆经莱茵河散布到德国全境与北尼德兰。

英国的先令银币几乎和格罗斯托罗斯享有同等的幸运。13世纪末,先令银币改进以后,同样立即引起德国和尼德兰进行仿造。因此,随着格罗特银币的出现,货币史掀开了新的一页。加罗林王朝的币制并没有被破坏,只是努力使它适合商业的需要而已。不久以后,金币的恢复又是一个例证,说明必须提供一种交换工具,以满足商业日益增长的需要。

11世纪以后,地中海的贸易首先在意大利,后来又在阿尔卑斯山以北将拜占庭和阿拉伯的金币散布开来。但是,人们每得到这种称之为"比真特"或"马拉波丁"的金币,往往都是储存起来,作为在非常场合下需要特殊开销时的支付手段。[36]例如1071年,阿以诺的李齐达伯爵夫人把她在奇芬尼的地产抵押给圣迁伯的修道院长时,获得的抵押款为500金比真特的巨数。[37]这时,在一般的商业交易中,似乎还没有使用金币,尽管意大利的水手们在与利凡特的往来中早就发现了使用金币的好处并希望把它们引入本国去。

1231年,腓特烈二世在西西里铸造了优秀的奥古斯都金币,这是中世纪货币史上的杰作,不过它们流传的范围从未超过南意大利边界。

直到1252年，佛罗伦萨开始铸造第一批佛罗林金币——由于金币上刻有佛罗伦萨城的徽记百合花而得名——时，才开辟了金币在欧洲流通的道路。热那亚不久就仿铸，1284年威尼斯仿照佛罗林铸造了自己的金币杜加特或西钦。这两种优质货币各重3½克，相当于银镑格罗特的价值，正像格罗特相当于一个索的价值一样。因此，由于金币的应用，本来作为计算货币的镑，像索一样，现在也变成流通货币了。在加罗林时代，第尼尔是唯一的流通货币，而现在仅仅成为一种小额的货币了。8世纪，地中海的封闭曾使西欧长期使用银币，现在地中海重新开放，又使金币恢复了旧时的作用。

意大利经济的发展，足以说明意大利首先采用金币正像它首先采用格罗特一样。不过，无论是金币或格罗特的采用，意大利的先例都很快地为欧洲所仿效，而且对金币的仿效较之对格罗特的仿效更为迅速，这一事实无疑是商业关系日益发展的结果。大约在1266年，即格罗斯托罗斯出现的那一年，路易九世发行了第一批金第尼尔，在阿尔卑斯山北部流通。路易九世的继承者们继续不断地铸造价值高的金币。14世纪时期，金币铸造运动扩展到了整个大陆。在西班牙，正规的金币铸造可以追溯到卡斯提尔的阿尔芳索九世(1312～1350年)，在帝国境内，波希米亚于1325年首先铸造金币；在英格兰，1344年，爱德华三世发行了一种金佛罗林。在商业极为活跃的法兰德斯各地，都铸造了金币：1337年以前，路易·德·内维尔统治下的法兰德斯，约翰二世(1312～1355年)统治下的布腊班特，恩格伯尔特·德·拉·马尔克(1345～1364年)统治下的列日，威廉五世(1346～1389年)统治下的荷兰，芮拿德三世(1343～1371年)统治下的加尔德斯。

格罗特与金币的铸造，使货币流通恢复到了一种比较健康的状态。不过，货币流通所经历的一些弊端仍继续存在着。国王与诸侯们仍旧贬低币质，武断地规定货币的价值。货币的价值仍旧循着下降的曲线发展。当时一般的政策是牺牲经济利益以满足财政利益，14世纪时，尼古拉·奥列斯米第一次呼吁人们注意这些情况，但根本没有人理会。

各国政府开始根据一种真正的货币管理原则办事，还是许多世纪以后的事情。

四、信用与货币交易[38]

商业的发展可以划分为三个前后相承的形态：第一个形态以物物交换(自然经济)为特征，第二个形态以货币(货币经济)为特征，第三个形态以信用(信用经济)为特征，这种理论流行已久。但是研究一下事实，就会明白这实际上并无根据，这只是系统化嗜好的又一例证，而这种嗜好常常影响对经济史的研究。信用的作用不断地扩大，这是无可置疑的，可是同样真实的是，在各个时期信用都是有作用的。信用作用在各个时期中的差别只是量方面的，而不是质方面的。[39]

当然，在中世纪农业时期，不可能有正规意义上的商业信用。在那个时代，商业仅仅是一种偶然的、时断时续的活动，没有职业化的商人阶级，商业信用就没有发展的可能。但是在另一方面，同样明显的是，尽管在这个时期信用活动只是适应一个没有市场的、以乡村经济为基础的社会的需要，可是信用活动的范围还是很大的。很难理解，作为整个社会组织基础的地主贵族，如果没有信用的帮助，怎能维持生活呢。的确，凭借信用，社会才能经受住那种周期性的饥荒灾难。

在这个时期，教会是不可或缺的放债者。我们已经知道，教会拥有流动资本而使自己成为头等的财政力量。编年史中充满了关于寺院财库内各种财富的详细记录，财库内满装着圣物、烛台、香炉、贵金属器皿以及大大小小的贡物。这些都是虔诚的信徒慷慨捐献给全能的圣徒在人世间的代表的，因为对圣徒的仆人慷慨解囊，就能赢得圣徒的保佑。每一个教会，不管它的声誉如何，都拥有这些财物。它们不但为教会盛大的仪式增加了光彩，而且也成为一种富裕的资产。在需要的时候，只要熔化几件金器，把金子送到造币所，就可以得到相当数量的货币。这形成了寺院的一种惯例，不但满足自己的需要，同时也满足他人的需要。如果一个主教要支付一项特殊的费用——或购买地产，或为王室服务，他就要向教区内的寺院求助。这种借款的例子多至不可胜数。例如1096年，当列日主教奥特伯特购买布荣与库范的城堡时，就是由他教区内的教会代为付款的。[40]

但是，最主要的是，在饥馑发生的时候，人们常向寺院的财库请求贷款。寺院附近的封建领主们，当储蓄耗尽而又不得不用现款购买生活必需品时，寺院对他们就起着信用机构的作用。寺院向他们贷放必要的款项，而借款人则拿土地作为抵押以保证债务的偿还。如抵押土地上的收入用来抵偿本金，便叫做“活押”；如抵押土地上的收入虽归债权人所有但并不减少本金，便叫做“死押”。在以上两种场合里，高利贷的禁止是受到尊重的，因为原借出的货币本身并不产生利息。

直到13世纪中叶，这种贷款活动已多至不可胜数。所有的贷款都是为了消费的目的。换言之，贷款是为了某种紧急的需要。每一笔借款都是被立即消费掉，因此每一笔借款都是肯定的损失。当教会出于宗教原因而禁止高利贷的时候，它就对中世纪早期的农业社会作出了卓越的贡献。它使中世纪早期的农业社会免除了古代世界因消费债务而遭受的严重痛苦。贷款不取息的原则，完全符合基督教的仁慈。在货币还没有成为财富手段，因货币而获取报酬被视为勒索的时代，“互相授予，无所希冀”这句格言与这个时代是完全合拍的。但是，商业的复兴，流动资本生产力的发现，引起了人们无法圆满解决的一些问题。直到中世纪末期，社会不断地因高利贷问题而扰攘不安，商业实践与教会道德之间产生了直接的矛盾。由于缺乏较好的解决办法，只好用一些妥协的办法和权宜之计，来逃避这些矛盾。

由于材料的缺乏，无法探明商业信贷开始时的各种情况。但是，11世纪时，已有相当多的经营流动资本的商人，这是没有疑问的。例如，列日的一些商人曾于1082年贷款给圣赫伯特寺院的住持购买地产。[41]虽然我们对于双方签订的契约内容一无所知，但是无法相信这项贷款会是无息的。贷款人显然是在有利可图的条件下，才同意贷款的。很难相信贷款人完全没有高利贷行为。12世纪中叶，高利贷极为流行，这是无疑的。关于圣奥梅尔市民威廉·加德(约于1166年去世)的经历，我们掌握了足够的材料，由此可以推知威廉·加德一方面从事商品的交易，同时又从事货币的交易。我们发现，他实际上是在从事信用活动，他向英格兰的寺院预先付款定购羊毛，这种办法与当时大多数商人的惯例无疑是符合的。此外，在香料、酒类、羊毛、呢绒等商品的批发交易中，也不乏凭信用进行买卖的证据。

在货币流通不足的情况下，如果不假定信用是一种正常的经营，那么大规模的商业是不可能理解的。关于信用的应用，在经济发展较大陆为早的意大利，已提供了极好的证明。10世纪时，威尼斯人已经在航海事业方面进行投资，而当热那亚与比萨开始从事航运的时候，若干贵族与市民就把资本投入了海上的冒险。虽然投资的数额很小，但是它的重要性是不可忽视的。为了分散投资的危险，人们往往同时对若干船舶进行“合伙”投资。12世纪就已发达的借贷票据也清楚地证明了商业信贷所占的地位。贷款人以借款人在海外所需资本的总额数贷予借款人，而从营业的利润中取得一份(通常是3/4)。[42]热那亚的材料所证明的12世纪以后海上保险业的经营，是信用的另一种应用。如果要解释从这个时期起信用所具有的各种不同的形式，就必须涉及商业法了，而这是本书篇幅所不容许的。保险业最初的发展，似应归功于意大利人，尤其是热那亚的船主们。通过他们，保险业才从海上的交易扩展到了一般的金融事业中。

从事陆上贸易的社会，它的发展比从事海上贸易的社会慢。不过，12世纪时，意大利的所有商业城市都十分兴旺。信用票据成了日常使用的东西。在香槟集市的商业交易中，信用票据已经占了重要的地位。日后发展为汇票的债务证券，在意大利与法国南部是由公证人书写的，而在法兰德斯，则是由市政书吏书写的。

各种信用手段的发展，其先决条件是商人具备读与写的知识。商业的活跃，无疑是市民的儿童学校创立的最初原因。 最初，儿童是完全依靠寺院学校的，在寺院学校里他们学习商业通信所必需的拉丁文基本知识。 但是，显然这种学校的精神与组织都不容许对实际知识给予足够的重视，而这些实际知识却是将来以商业为终身事业的儿童所需要的。 因此，从 12 世纪下半叶起，在城市里开办了一些小规模的学校，它们可以被认为是中世纪世俗教育的发端。 僧侣们当然反对世俗权力侵入他们向来视为禁脔的领域。 僧侣们并没有制止这种为社会生活所必需的革新，但它们几乎在所有的地方都使城市学校受到僧侣的监督，虽然市政当局保留着任命校长的权力。

13 世纪时，大多数从事国际贸易的商人，无疑均具有相当程度的知识。 由于他们的主动，在私人证件中俗语代替了拉丁文。 值得注意的是，这种习惯是在经济最发达的国家例如意大利、法兰德斯开始的。最早的用法文书写的宪章，是法兰德斯的。 在意大利，书写已经成为商业生活中的重要部分。 所以 13 世纪时商人的记账，即或不是被迫的，也是普遍的。 从 14 世纪初年起，记账已成为欧洲的普遍现象。蒙托榜的波尼斯兄弟的账簿开始于 1339 年。[43]福加吉尔的乌哥 · 提拉的账簿的年代为 1330 年至 1332 年。[44]从德国传下来的账簿有：罗斯托克的约翰 · 托尔勒的账本，[45]汉堡的维克多 · 封 · 格尔德逊的账簿，[46]卢卑克的赫尔曼与约翰 · 魏腾布的账簿。[47]最古老的德国账簿也是从卢卑克传下来的。[48]13 世纪初年，列昂纳德 · 比桑诺(列昂纳德 · 费旁那西)写了一篇关于商人使用的算术论文。

在商人们中间，外国语的流传一定也很广泛。 在经济生活中，法文的地位有如今日的英文。 香槟集市在这方面无疑起了很大的作用。14 世纪中叶，在布鲁日编辑的一些供学习法语用的会语小册子，至今还保存着。[49]与法文并行的拉丁文继续保持着国际语言的地位，在拉丁民族与日耳曼民族的关系中尤为如此。

教育发展似乎与信用发达有着密切关系。 意大利的例证说明，信用愈发展，教育则愈发达。 至今仍保存着的商业文件证明，当时长期付款已很普遍。如果对上述的账簿略加研究，就可以明了这一点。此外，这些账簿都是与零售贸易有关的，而在批发贸易的类似文件中，情况更为显然。很难相信从英格兰购买数百包羊毛的商人，在将这些羊毛制成呢绒出售以前就能偿清羊毛的价款。同时，我们还有充分的证据可以得出这样的结论：大商人经常处于相互借贷的关系中。一般人常以为中世纪的商业信用几乎毫无作用，可是事实不然，我们应该承认，在中世纪商业信用占着很重要的地位。

当然，信用的发展并不是在一切国家中完全相同的。莱茵河右岸德国商业的发展就赶不上法兰德斯，更赶不上意大利了。因此，一般常用德国情况来概括全欧，这是方法上的错误。为了了解一定的现象的范围，必须研究这种现象表现得最为强烈的地方。不能把法兰德斯及意大利的大城市的经济活动，与美因河上的法兰克福这类二等城市的经济活动等量齐观。同样，夸大中世纪的商业信用，把它与我们今日的信用甚至与15世纪末期的信用作比拟，也是不公正的。中世纪的商业信用虽然重要，但是它活动的范围仍局限于一定的经济区域内：西面以大西洋沿岸，东面以地中海、黑海、波罗的海海岸为界。其次，中世纪的商业信用并没有得到大国国家权力的支持，同时它也不能严重地影响工业生产的组织，理由容后申述。

商业信用所使用的仅仅是可供利用的流动资本的一部分。流动资本的绝大部分都被用来作为对政府当局或个人的贷款。中世纪的银行业务，主要的是放款业务。这个时期货币贸易的全部历史几乎都是与放款有关的。这种贸易本身不过是11、12世纪商业复兴的结果。中世纪最初的一批银行家，有一部分是银钱兑换人的后裔。银钱兑换人的出现是货币复杂化的结果，由来已久，他们的职业不受任何控制，因此很快地便发财致富。另一部分则是更多的大商人，他们发现了利用剩余资本贷款给别人的办法。可以看出，银行业务从来没有与商品贸易完全脱离过，银行业务是从商品贸易产生的。这只是利用积累资本的一个方法。

中世纪的银行家，一般说来，既是放款人又是商人。12世纪时巨大商业财富的形成，无可避免地引起了国王、诸侯、贵族乃至教会的注意。他们都苦于收入不足。这是经济活动日益增加，生活标准提高，开支不断扩大的结果。向拥有资金的商人去借款，自然比以土地抵押给寺院或把金器送到造币所去方便多了。商人们又怎能拒绝他们的要求呢？借款人都有相当的政治势力和社会势力，拒绝他们的要求是十分危险的。的确，他们的权力可以使他们抵赖商人冒险借给他们的款项，不过，重利是一种可靠的保证，足以补偿赖债的损失。总的说来，即令危险很大，但预期的利润也颇能吸引人。（难道这种危险比国际贸易所经常遭受的战争、船舶遇难、海盗、偷窃的危险更大么？）从13世纪以后，放债一事一定吸引了所有的新富人。显然，他们放款的痕迹，保存下来的并不多，放款的字据在偿还借款时就被销毁了。留存下来的材料完全是偶然的。尽管材料很少，但是也足以使我们看出商人们给予顾客的大笔贷款。

1160年左右，威廉·加德以相当大的款项贷给英格兰王及若干贵族。[50]根特的约翰·林费西与西门·萨服尔对约翰·拉克兰进行了贷款。[51]约在同一时期，阿腊斯也因为该地的放债人众多而颇负盛名：

> 满城……尽是……阿特瑞巴斯人，
>
> 金银财宝，惊心的赚头，动魄的高利。[52]

最富裕的是洛卡兹，他在尼德兰成为传奇式的人物。克勒斯宾与洛卡兹的声名也不相上下。阿尔土瓦人的诗歌为我们保存了他们的财富和贪财所留给当代人的印象。[53]从13世纪初起，些耳德河流域的很多大贵族对城市的市民阶级都负上了债务。与阿尔土瓦的放债人同时存在的还有郎斯、杜埃、土尔内、根特、瓦伦西亚与伊泊尔诸城的放债人。他们的债务人有法兰德斯的珍尼与马加里特两个伯爵夫人，基·

德·邓皮尔伯爵和他的两个儿子罗伯与金，还有列日的主教，阿尔土瓦的伯爵罗伯第二，德·特尔蒙阁下以及别的许多人。贷款的数目为60立弗尔至14 000立弗尔不等。不过，同一债务人可以陆续地再借债。从1269年到1300年，基·德·邓皮尔在法兰德斯一州已知的债务就达55 813立弗尔。而他所负的债务究竟有多少，还不得而知。债务的偿还通常以一年为期，并有保人担保。保人往往是有钱的市民，有时是显贵，例如阿腊斯与贝顿的代办人，奥德纳尔德的领主，有时(这种情况最多)保人就是布鲁日城。债务人的不动产往往被拿出来作为抵押。城市同贵族一样，常常举债，它们不断地求助于商人的钱袋，数目有大有小。从1284年10月到1305年2月，布鲁日曾经举债10次，借款总额超过46万立弗尔。[54]宗教组织的需要较少，但是，它们也常常借钱。大主教厄德·里哥(1248～1269年)所作的视察记指出，诺曼底的各寺院几乎都负债。

以上的例证，足以说明信用活动的范围。这种活动是因为从商业中产生的流动资本的存在而导致的。尼德兰的景象复现于整个欧洲，所不同的只是由于不同地区的经济生活活跃程度的不同而已。无论在哪里，货币的需求愈大，它就愈成为一种有利可图的投资。放款人借出的每一笔钱都有一笔报酬，这就是高利贷，用现代语言表示，这就是利息。市政当局的账簿和个人的备忘录都小忌讳使用“高利贷”这个可厌的名词。但是，在向大众公布的文件中，就不免虚饰一番。借款人一般都承认在到期时偿还较原借的款项更大的数目，这种差额就是利息。在附有赔偿费的债款上，债款的数目与原来订定的数目相同，但到了偿还的日子，就应交付赔偿费。如果这时不偿还本金，则债务就重新开始计算，直到借款人最后还清债款为止。应该理解的是，债务人是不会按期偿还债款的，因此在这里，延期的罚款只是高利贷的一种伪装而已。[55]一般的利率为1分至1分6厘，有时则低至5厘或高至2分4厘或更高。借款所包含的风险程度的大小，当然也影响了利率的高低。

北欧商人如加德、洛卡德、克勒斯宾等所进行的货币贸易，其形式是极为原始的。虽然它的范围很广，但是它只限于资本家与借债人之间的个人交涉。阿腊斯与其他法兰德斯城市的金融家似乎还没有组成公司。“他们或单独行动，或在更多的情况下，两三个人结成一组，当然，他们之间存在着一种临时的联合，不过这并不是正规的公司。”[56]他们既无外埠代表，也没有相应的机关。他们与香槟集市的银行家和兑换商似乎也没有什么关系，因为他们总是规定他们放款的偿还地点为本埠。此外，他们不接受存款，不在外埠付款，不收贴现的汇票。意大利人则相反，他们从12世纪起就熟悉了这些业务。13世纪以后，意大利人把这些业务发展到了与当时社会情况相适应的最大限度。由于意大利人对北方金融家所占的极大的优势，以至于后者不得不屈服于意大利人之下。从13世纪末期起，北方的金融家就成了富裕的食利者，他们忙于管理自己的产业，购买不动产，收取租金。

如前所述，从13世纪起，北方的商人和意大利的商人就常到香槟和法兰德斯的集市来。他们输往南欧的呢绒，产量日益增多。羊毛工业对他们至关重要，所以他们当中有很多人就在呢绒生产的中心地定居下来，甚至与市民阶级发生合伙的关系。但是，他们一定居下来，就在与本地人的竞争中获得了胜利，因为他们的组织以及优越的技术使他们在财政方面占有很大的便利。他们所属的强大的大公司以海外的资本来支持他们。从13世纪末叶起，所有这些公司在尼德兰都有它们的代表。我们发现尼德兰有来自许多地方的合伙者或代理人，例如萨令本、塞纳的篷席诺里与加勒拉尼，佛罗伦萨的法列科巴第、普西、佩鲁齐、巴第，皮亚琴察的斯科提，此外还有热那亚人、比萨人与从郎格多克来的加禾尔人。所有这些南方人都具有商业教育、兑换和经营信用的知识以及对与他们不断发生关系的欧洲重要商业中心的了解。这一切都使他们居于无可抗衡的地位。因此，在部文战争以后，珍尼伯爵夫人求助于意大利的信用，以获得款项从腓力奥古斯都手中赎取她的丈夫“葡萄牙的费南德”，就不是一件令人诧异的事了。1221年，她借得了29 194立弗尔，偿还时则为34 626立弗尔，对放债者说来，这是一笔好交易，而伯爵夫人无疑也因为他们的才干而感到庆幸。[57]总之，从此以后，向“山后”借债的习惯便很快地传开了。

信用放款具有各种不同的形式。一般说来，香槟集市是债款偿还的地点。借款的期限也是由香槟集市决定的。但是，意大利的银行家也充当了海外支付的中间人。他们对交换业务与汇划业务——相互抵销债务——的熟悉，使他们从13世纪末叶起就垄断了阿尔卑斯山以北的银行业务。法兰西与英格兰的国王、地方诸侯、主教、寺院住持、城市都是他们的国际顾客。教皇也利用他们来经营他所握有的巨大财富，征收教皇税金与日益增加的各种捐税，这些捐税都成了教会的累赘。[58]事实上，意大利银行家管理着全欧洲的财政。国王召请他们参加会议，把造币所委托给他们，委托他们征收各种税项。他们在许多城市中包收土货税。各处的诸侯授权他们设立放款组织。除了银行业务以外，他们还从事各种商业活动。他们收购羊毛，出售呢绒、香料、金器、锦缎、丝绸。他们一方面拥有船只，另一方面又在巴黎、布鲁日、伦敦设有旅馆。他们的商业愈发达，胆量就愈大，因为他们所获得的利润足以补偿风险而有余。他们毫不犹豫地剥削债务人。迫于急需而向他们告贷的寺院与个人往往要支付高达50%乃至100%的利息。不过，在大额的交易中，对那些具有权力或偿付能力的顾客，利率一般在10%左右。

同意大利人信用经营的繁荣与普及相比较，犹太人的信用经营似乎是很小的事业，而他们在中世纪所起的作用无疑是被夸大了。实际上，在经济愈发达的国家里，犹太放债人就愈少。在法兰德斯，一向只有屈指可数的几个犹太人。不过愈往东欧去，犹太人就愈多。在德国，离莱茵河愈远，犹太人就愈多。在波兰、波希米亚、匈牙利都有大批的犹太人。如前所述，在中世纪的农业时期，犹太人是东方货物的商贩。[59]在伊斯兰教徒的西班牙，犹太人的同信仰者很早就获得了巨大的经济势力。通过西班牙，犹太人把香料、贵重物品和金器介绍到北欧。直到大约10世纪末叶，犹太人似乎还从事着以基督教徒作奴隶的秘密贸易。若干犹太人在法国南部获得了土地、葡萄园与磨坊。不过，教会虽然不迫害他们，却经常防止信徒与这些“邪教徒”接触，而与第一次十字军同时发生的神秘主义，则触发了对犹太人的憎恶，开始了此后犹太人所经常遭遇的一系列的迫害。同时，11世纪地中海商业的复兴，使人们有可能不利用犹太人作为对利凡特贸易的媒介。只有在巴塞罗那，在伊斯兰教时代已经致富并且在基督教徒收复该地以后仍居留在那里的犹太人，参加了海上贸易，成为船舶的主人或匿名股东。此外，西欧各地的犹太人都变成了典当业者，以物品抵押为条件放款取息。他们不受高利贷禁令的约束，这种禁令只对基督教徒有效。他们因为这种自由而获利并且无疑滥用了这种自由。除非迫于需要，否则没有人肯上他们的门。而需要就使他们去任意剥削顾客。犹太人与欧洲以及南方诸伊斯兰教国家中同教人士的关系，使他们很容易获得经营所需的现款。为穷困所迫的人，经常可以从他们那里得到借款。需要愈迫切，借款人就愈不计较借款的代价。除此以外，向犹太人借钱，还有保守秘密的优点。这是一件很方便的事情。因此，甚至教会机构也求助于犹太人。

无论犹太人在什么地方定居，他们都需要得到地方诸侯的保护，换言之，就是依赖于他的善意。1261年，布腊班特的亨利公爵临终时，下令将一切高利贷者从他的领地上驱逐出去。由于圣·托马斯·阿奎那的劝告，亨利公爵的遗孀才宽恕了他们。[60]1290年，爱德华一世将英格兰的犹太人驱逐出境。1306年，法国的“美男子腓力”，仿效爱德华一世的先例，但是他的后继者却容许犹太人逐渐返回法国。不过，1393年，犹太人又遭到了一次驱逐。此外，由于债务人的教唆，人们时时起来反对犹太人。群众的轻信最容易受债务人的欺骗。[61]犹太人被怀疑是亵渎神圣和犯有各种罪恶的人。1349年，布腊班特各地都有屠杀犹太人的事件。1370年，谣传犹太人亵渎圣饼，以后，他们即被从布腊班特逐出。[62]

从13世纪起，作为典当业经营者的犹太人，在基督教徒中遇到了强大的对手。最早从事典当业的基督教徒，似乎是加禾尔人。他们散居于法国各地与尼德兰。加禾尔人十分活跃，以至于从13世纪中叶起，“加禾尔人”一词便成了“放债人”的同义语。[63]不过，伦巴第人，或更确切地说，意大利人很快就在这个行业中取代了加禾尔人的地位。以取得租金为条件，诸侯与城市往往授权他们建立“放款所”，在尼德兰，这种特许权的授予，最早发生于1280年。得到这种特许权的人，正像“塔斯康人，改宗的或犹太人”[64]一样，享有排斥他人的垄断权利，可以推知，正是他们的建议，造成了对犹太人的驱逐。取代犹太人地位的正是他们。虽然最早的特许权规定放款应该“好心公平而无恶意与盘剥”，不过，其目的显然在于禁止过高的利息。较后的文件也证明了这一点。它们只规定禁止“罪恶的契约”或强制放款人遵守“伦巴第人放款时的习惯与惯例”。[65]这样，它们就正式承认了所谓“合理的利率”这种勒索了。一般的利率是每立弗尔每周两个第尼尔，换言之，年利率为43.33%，这几乎是商业利率的2倍。伦巴第人的“放款所”的营业，远不限于放款取息，它们还代替顾客收付款项，并且从事商业活动。

兑换商也参加了货币贸易与信用借贷。货币兑换是一种赚钱的事业，经营货币兑换的权力必须得到诸侯的批准。而诸侯们只是在取得租金的条件下，才准许少数人从事这种经营。因此，获有经营特许权的人，就享有半官方的身份。贵重金属的贸易权保留给了他们。除了交易的佣金以外，显然他们还获得了丰厚的利润。不久，委托他们保管款项也成了一种习惯，而这种服务当然不会是没有报酬的。他们也收受存款与扣押的资金。不难理解，他们时常充当付款的代理人，其中有些人还成了放债人。

另外一方面，在中世纪初曾发挥过信用组织作用的教会机构，从13世纪初期以后就很少贷款给别人。教会机构与俗人不同，它们不能规避高利贷的禁令，虽然它们往往也破坏这种禁令。[66]再者，即使是教会机构有意与商人们尤其是与意大利财政家竞争，它们也缺乏足够的资金。事实上，教会机构往往求助于这些财政家，欠他们的债。只有圣堂武士团，由于它们与东方基督教的关系，在13世纪中成了一股真正的金融力量。这个武士团所属的采邑，无论是在叙利亚或是在西方国家，都有通信联络。由于它们的威信与军事力量，贵族们利用它们作为安全的存款处，或是作为利凡特银钱往来转运的处所。在法国，国王把全部财政事宜委托给圣堂武士团，直到“美男子腓力”垂涎这个武士团的财富，并想摆脱它的保护时，才决定解散这个武士团。

实物信用(即与地产有关的信用)，因为它的发展方式，至少使它在城市里具有很大的重要性。经营商业而致富的商人们，并没有把他们的全部利润投入商业或用于放债。最安全的投资是购买土地，然后再出租给新的居民，由于城市人口的迅速增长，土地逐渐成为建筑的基地。早在12世纪初年，《基督教库藏大事记》就告诉我们，历史上有名的尼德兰最大的商人威林姆波尔德的财富愈多，他的租金收入也愈多。

富上加富，
租里出租。[67]

土地所有者除了收取地租以外，很快地增收了一种新的租金，那就是从租地人所建筑的房屋收取租金。房租的出现是中世纪最普遍、最常见的一种信用形态。如果房主需要一笔长期贷款，他可以出卖房租，换言之，就是把房租交付给放债人。这种办法有时是永久的，但是在大多数情况下是可以赎回的。交付给放债人的房租，就是以房屋作抵押的借款的利息。它比商业利息温和得多，而且还有不受高利贷禁令约束的优点。直到15世纪时，它的利率约在8%至10%。[68]

与不动产租金完全不同的是一种终身租金，这种租金的普遍使用，是城市举债的结果。从13世纪起，城市愈来愈用出售一代或两代终身租金的办法来筹募特殊用途的款项。这种租金就成为出借的本金的利息。租金支付给放债人，直到他去世为止，这是一代终身租金，如果在放债人死后，继续支付给他的后一代，直到后一代去世为止，这就是两代终身租金。这是市民阶级很早就追求的投资方法。既然谁都可以购买这类租金，所以每一个城市都有一些靠租金生活的人，这种人有时分布甚广。为了防止欺诈，往往悬赏鼓励人们揭发这种租金受益人的死亡，他们与现代公债持有人颇为相似。有时，城市政府指派特别的代理人来管理终身租金持有人的账务。[69]有些城市还把收入的一部分管理事宜，划归债权人。债权人自己从利润中提取一部分偿还自己。12世纪中叶，意大利已经流行此项办法。1164年，热那亚把一部分收入以7年为期，划归一个由11个人组成的协会。13世纪时，热那亚已经清理了债务，并且承认债权人有权把他的财产转售给第三者。15世纪时，势力强大的圣·乔治银行就是这样起家的。

以上有关信用及货币贸易历史的简述，虽然简略而不完整，可是无疑可使人约略了解它们的重要性以及13世纪末叶以前它们所具有的多种形态。没有信用与货币贸易，中世纪的经济生活是不可想像的。但是，除了未来在银行与金融市场管理组织已经略具雏形的意大利诸大城市以外，他们在技术上的完备远远赶不上它们旺盛的力量。确如人们所指出的那样，在这个时期并没有正规意义的货币市场存在。每一种信用活动实际上都是由特殊情况所决定的一种契约，是放债人与借债人之间的私人协定。事实上，商业借款还没有明显地从消费借款中区分出来。[70]

自然，人们可以这样问：这些弱点有多少应归咎于对利息的禁令呢？这种禁令从教会立法发展为民法，使它成为更大的障碍。不过在实际运用中，严格遵守此项禁令是不可能的。只有在“明显的高利贷”，换言之，只有在利率过高的抵押消费借款的场合下，高利贷的禁令才充分有效。信用需要的迫切与普遍，使人们不能设想去打击放债人。13世纪以后，教会法典的学者们，企图用各种方法来缓和“互相授予，无所希冀”中规定的绝对的禁令[71]。他们发现，任何借出去的款项都包含着可能的损失或利得的中止，或本金的危险，因此某种形式的补偿，换言之，即利息，是正当的。这样，利息不过是一种合法的高利贷。不难理解这种被容许的高利贷与被禁止的高利贷之间的差别是何等细微，它留给法官去解释的范围是多么狭窄。在商业上，“出借”钱款为实际活动所认可，它是香槟集市的常规，也是一般商业社会所常应用的。14 世纪时神学家巴纳鸠斯曾说过，高利贷的禁令对于后者并不适用。[72]

不过，事实上，教会的谴责对所有经营信用的人说来，仍旧是一种永久性的威胁。教会往往会解除债务人对债款交付利息的义务。结果，人们常用充分的技巧来隐瞒这种危险的利息。有时，放债人先期从借出的款项中把利息扣除，有时把利息伪装成对延期偿还的罚金，有时借款人所公布的借款数目远较他实际借到的为大。总之，禁止高利贷的法令实际上并没有阻止得了高利贷，正如美国的福尔斯特德法令*未能防止得了酒的消费一样。它是一种障碍，但并不是不可逾越的障碍。教会本身往往也向它所谴责的金融家借贷。教廷也委托金融家来征收和管理它从宗教界各个方面获得的收入。显然，教皇对他们的银行家所经营的事业并不是全然无知的。

---

* 即禁酒法令。

注　释：

[1] 书目提要：前引舒尔特著作第 9 页，沃格尔著作《1100 年间的一个航海商人》，第 17 页，注 4。歌茨：《世界贸易中的商道》，斯图加特，1888 年版。施菲尔：《阿尔卑斯山交通史》，第 2 卷，柏林，1908～1913 年版。劳尔—贝拉特：《哥达德山路发展史的研究》，苏黎世，1934 年版。泰勒：《中世纪(962～1250 年)阿尔卑斯山的隘道》，牛津，1890 年版。布朗夏德：《法兰西阿尔卑斯山》，巴黎，1925 年版。德·隆锡埃尔：《法兰西航运史》，第 6 卷，巴黎，1899～1932 年版。前引贝尔纳：《热那亚在叙利亚的殖民地》，第 24 页，注 9。李普曼：《罗盘输入前的指南针史》，柏林，1932 年版。比尔德伍德：《1350～1377 年在英格兰的外商，他们的法律及经济地位》，马萨诸塞，剑桥，1931 年版。

[2] 1127 年，圣奥梅尔的市民，从诺曼底的威廉获得免向英格兰王缴税的诺言。同一时期布鲁日的加尔伯特发表的声明，也证明这些市镇对豁免市场税的重视。

[3] 前引库利希：《俄罗斯经济史》，第 1 卷，第 301 页。1271 年，在施卡普河及些

耳德河上，杜埃与鲁普尔蒙德之间捐税达22种(瓦伦科涅希与吉尔多夫：《法兰德斯及其机构史》，第2卷，第460页以下)。

[4] 伊菲尔：《意大利南方的商业与商人》，第70页。

[5] 费尔斯特克编：《根特城的簿籍、城市及其知事们的账簿》，根特，1900年版，第801页。

[6] 关于10世纪以前畜力牵引不足的问题，见勒弗夫尔·台·诺埃德：《历代的挽马与鞍马》，巴黎，1931年版。

[7] 皮朗：《13世纪法兰德斯的牵越与水闸》(见献给托马斯·弗雷德里克图的《中世纪史论文集》，曼彻斯特，1925年版)。

[8] 关于地中海船只，参考前引贝尔纳：《热那亚在叙利亚的殖民地》，第9页以下。他的研究指出，地中海船只载重比过去假想的为大，有许多船能够载运1 000名至1 200名旅客。

[9] 勒弗夫尔·台·诺埃德：《舵。 贡献给奴隶史的研究》(《法国好古者协会会刊》，1934年版，第24页以下)。 作者的结论似乎夸大了改进的重要性。

[10] 舒布：《威尼斯帆船航行北海的开端》(《历史杂志》，1908年，第110卷)。

[11] 关于那不勒斯王国的经济政策，参阅前引伊菲尔：《意大利南方的商业与商人》。

[12] 科埃纳：《商帮》，柏林，1893年版。

斯特因：《汉撒》(1909年《汉撒史刊》，第53页以下)。

[13] 参考第二章第三节有关“灰脚法庭”的注释。 以下一段引语极能说明中世纪旅行商人的性质。 1128年，布鲁日人抱怨克莱顿伯爵说：“他把我们关在这个地方(法兰德斯)，我们不能做生意，要知迄今为止，我们所取得的任何东西，毫无利润，毫无生意经，毫无所得，我们是在消耗东西，这就是我们有正当的理由要他把我们赶出这个地方。”布鲁日的加尔伯特：《善良的查理遇害记》(皮朗编，第152页)。

[14] 皮卡达：《水上商人。 巴黎的商人公会及法国公司》，巴黎，1901年版。 迁依斯曼：《从圣路易至查理7世巴黎市的司法制度》，巴黎，1912年版。 皮朗：《巴黎水上商人公会》、《献给贝蒙的历史文集》，巴黎，1913年版。

[15] 皮朗：《伦敦的法兰德斯商人公会》(《比利时王家学院人文学公报》，1899年，第65页以下)。

[16] 洛朗：《17世纪诸城市的商人公会新研究》(《中世纪》，1935年版)。

[17] 关于这个变化，见娄利格：《汉撒对德国经济史的贡献》，弗劳兹瓦夫，1928年版，第217页以下。

[18] 书目提要：所引于弗兰著作：《市场与集市法历史论文》，巴黎，1897年版，第8页。 布尔克洛：《香槟集市的研究》，两卷本，巴黎，1865年版。 巴塞曼：《香槟集市及其对信贷史贡献的研究》，莱比锡，1911年版。 马列兹：《13世纪伊泊尔集市的执照》(《比利时王家学院公报》，布鲁塞尔，1901年版)。 洛朗：《关于香槟集市上对无力偿还债务者处置办法的文件》(《比利时古代法律条例委员会公报》，1929年第13卷)。 皮朗：《伊泊尔市长与香槟集市警卫的争执》(《比利时王家历史委员会公报》，1922年第86卷)。 萨育：《13世纪时意大利银行在意大利及香槟集市上的活动》(《历史评论》，1932年第170期)。

[19] 所引于弗兰著作：《市场与集市法历史论文》，巴黎，1897年版，第438页。

[20] 奚里：《加罗林王朝研究》(见《献给蒙诺的中世纪史研究论文集》，巴黎，1896年版，第118页)。

[21] 前引皮朗：《12世纪初从伊泊尔运销诺夫哥罗得的毛织品》(《比利时语文学、史学杂志》，1930年，第9卷，第563页)。

[22] 埃斯皮纳在《13世纪法兰德斯窝伦人的城市之间社会战争》(巴黎—里尔，1930年版)一书第24、35、72、82、83诸页，对这些书吏作了生动的描绘。

[23] 所引于弗兰著作：《市场与集市法历史论文》，巴黎，1897年版，第505页。

[24] 戈尔德施米特：《商法通史》，第226页。

[25] 书目提要：普鲁：《加罗林王朝的货币》，巴黎，1896年版。 鲁斯钦·冯·艾本格鲁斯：《货币学与货币史概论》，慕尼黑—柏林，1926年，第2版。 肖：《1252～1894年货币史》，伦敦，1895年版。 布兰舍，狄厄唐雷：《法国货币学手册》，第3卷，巴黎，1912～1930年版。 魏菲克：《货币、金银锭或商品?》(《社会经济史年鉴》，1932年，第4卷)。《虚币与实币》(《比利时评论》，1934年)。 兰德里：《从善人腓力到查理7世古代

法国货币交换论》，巴黎，1910 年版。 布里德雷：《14 世纪货币原理》，巴黎，尼科尔 · 奥列斯姆，1906 年版。

[26] 杜普西：《世界史中的自然经济》(维也纳，1930 年版)很清楚地指出，在若干不同的地区里，自然经济与货币经济同时存在，不过，没有充分考虑到经济进化及其对交换形式乃至交换性质的影响。 试与魏菲克在《1931 年经济社会史年鉴》，第 428 页以下的提法相比较。

[27] 所引于弗兰著作：《市场与集市法历史论文》，巴黎，1897 年版，第 538 页把这种交易办法当作可信的，甚为令人诧异。

[28] 参阅皮朗：《穆罕默德与查理曼》、《墨洛温王朝与加罗林王朝的经济对比》(《比利时语文学、史学杂志》，1922 年第 1 卷，1923 年第 2 卷)。《中世纪的城市》(布鲁塞尔，1927 年版，第 7 页以下)。

[29] 此处无法讨论前引杜普西著作第 87 页注 24 的原文。 该项原文用以证明在加罗林王朝货币流通及金币铸造并未受阻。 对这一重要问题，将另作阐述。

[30] 普鲁：《加罗林王朝的货币》，第 44 页以下。

[31] 因此，在拉丁语文献中，表示计算货币种类的形容词，是用多数所有格。

[32] 前引库利希：《俄罗斯经济史》，第 1 卷，第 324 页。

[33] 奚里：《圣奥梅尔史》，第 61 页。

[34] 哈费尔尼克：《第 12、13 世纪科隆辅币芬尼克》，斯图加特，1930 年版。

[35] 勒格尔：《长人腓力史》，巴黎，1897 年版，第 368 页。

[36] 在货币铸造复兴以前的黄金使用情况可参考布洛克：《中世纪的黄金问题》(《经济社会史年鉴》，1933 年，第 1 页以下)。 作者强调某些诸侯伪造外国金币。 但是在商业流通中并没有这些金币的迹象。 看来，它们主要地是用来支付或借给大人物用的，也就是说在特殊的场合中使用。

[37] 汉克编：《圣赫伯特(亦称“歌者”)寺的编年记事》。 布鲁塞尔，1906 年版，第 68 页。

[38] 书目提要：前引戈尔德施米德：《商法通史》，第 8 页。 波斯坦：《中世纪贸易中的信贷》(《经济史评论》，1928 年第 1 卷)。 悦纳斯塔尔：《寺院之为信贷机构的作用》，巴黎，1901 年版。 德利尔：《圣堂武士团的金融活动》，巴黎，1889 年版。 魏菲克：《抵押及其在法兰德斯与罗特灵根的地位》(《比利时语文学、史学杂志》，1929 年第 8 卷)。 比格伍：《阿拉斯的金融家》(《比利时语文学、史学杂志》，第 3 卷)。 雷诺兹：《阿拉斯的商人》(《比利时语文学、史学杂志》，1930 年第 9 卷)。 詹金逊：《12 世纪放款者的债券》(戴维编：献给蒲勒的《历史论文集》，伦敦，1927 年版)。 比格伍：《中世纪比利时货币商业的司法制度与经济制度》(《比利时王家学院人文学公报》，布鲁塞尔，1921～1922 年第 2 卷)。 比鲁齐：《1200～1345 年佛罗伦萨的商业与银行家》，佛罗伦萨，1868 年版。 萨波里：《巴尔迭与比鲁齐商业公司的危机》，佛罗伦萨，1926 年，第 1 版。《14 世纪初叶的一家〈加里马拉〉公司》，佛罗伦萨，1932 年，第 1 版。《比鲁齐的商业簿册》，米兰，1934 年版。 乞该瑞利：《佛罗伦萨古商行的商业文书》，佛罗伦萨，1910 年版。 贝尔纳：《12 世纪叙利亚贸易中热那亚人的商业契约》，《经济季刊》，1916 年，第 31 卷。 塞育：《1200～1230 年马赛商人、资本家埃提恩 · 德 · 曼都尔的活动》(《历史问题评论》，1930 年)。《中世纪意大利商业方法的变化》(《历史社会年鉴》，1929 年第 1 卷)。《中世纪意大利内地，1221～1229 年间的西恩那》(《历史社会年鉴》，1931 年)。《13 世纪时期巴塞罗那的贸易方法》(《加泰罗纳大学研究》，1936 年第 16 卷)。《圣路易有关财库的法令》(《历史评论》，1931 年，第 167 卷)。 艾伦斯：《威廉 · 塞瓦特 · 封 · 卡浩斯在伦敦经商》(《社会经济史季刊》，1913 年第 11 卷)。 罗德斯：《伦敦的意大利银行家与他们向爱德华一世、爱德华三世进行的贷款》(《欧文斯学院论文集》，曼彻斯特，1902 年版)。 桑巴特：《犹太人与经济生活》，莱比锡，1911 年版。 塞尤：《犹太人是现代资本主义的奠基者吗？》(《国际经济评论》，1932 年)。 恩德曼：《拉丁教会法规中经济与法律的研究》，两卷本，柏林，1874～1883 年版。 舒布：《反高利贷、反未计算的价格、反不正当交易的斗争》，弗赖堡，1905 年版。 皮朗：《中世纪商人的教育》(《社会经济史年鉴》，1929 年第 1 卷)。 斯佳非尼：《13 世纪中的热那亚商人》、《给同志评论》，1929 年。 罗利格：《汉撒在德国经济史上的贡献：保存下来的最古老的德国商人手本》一章，弗劳兹百夫，1928 年版。 库特根：《14 世纪汉撒同盟的主要股东》(《社会经济史季刊》，1906 年第 4 卷)。 库利希：《中世纪的商人与放款者》(《国

民经济学、政治社会学与行政杂志》，1908年)。 阿歇尔：《银行的起源、最初的储蓄银行》(《经济史评论》，1934年第4卷)。

[39] “销售的信用，尽管一般人否认它的存在，事实上它是中世纪商业的金融基础。至于他种形式的信用，其存在从未有人怀疑，但其作用却被误解。”前引波斯坦：《中世纪贸易中的信贷》，第261页。

[40] 皮朗：《比利时史》，第1卷，第5版，第139页。

[41] 前引汉克编：《圣赫伯特寺院的编年记事》，第12页。

[42] 贝尔纳称，12世纪时热那亚的许多公司通常的利润高达25%。

[43] 福莱斯第厄：《14世纪蒙托榜商人波尼斯兄弟的账簿》，第2卷，巴黎—欧思，1890～1893年版。

[44] 梅耶尔：《福加吉尔的书吏、呢绒商人、老板乌哥·提拉的账簿》(《国家图书馆稿本摘录及通告》，1898年第36卷)。

[45] 柯普曼：《1345～1350年约翰·托尔勒的账簿》，罗斯托克，1885年版。

[46] 尼尔海姆：《维克多·封·格尔德逊的账簿》，汉堡—莱比锡，1895年版。

[47] 莫尔渥：《赫尔曼与约翰·魏腾布的账簿》，莱比锡，1901年版。

[48] 本节书目提要中所引罗利格：《汉撒的贡献等》。 布鲁日仍然保存有1366～1369年的一本账簿的断片，德·鲁费尔：《关于C至M账项的研究》(《安盎斯圣伊格纳斯高级商业学校公报》，1930年)。

[49] 吉斯勒编：《布鲁日的商业书及其副册。 四本古代的会话手册》，布鲁日，1931年版。

[50] 关于这些活动，见本章书目提要中列举的詹金逊：《12世纪放债的债券》。

[51] 1176年，英国的高级教士已经向“法兰德斯商人”借了数目不小的款项(舒布：《拉丁语民族商业史》，第393页)。

[52] 纪效姆·勒·勃勒东：《菲列普人》(《现代德意志历史手稿》，第26卷，321页)。

[53] 吉思隆：《13世纪有关阿拉斯的杂文》(《中世纪》，1889～1900年)。 关于12世纪初亚多亚人的贪婪和他们的财富，参考布尔金编：《吉尔伯·德·诺根传》，第223页。

[54] 见前引比格伍：《中世纪比利时货币商业的司法制度与经济制度》，第1卷，第99页。

[55] 同上书，第441页。

[56] 前引比格伍：《中世纪比利时货币商业的司法制度与经济制度》，第1卷，第178页。

[57] 同上书，第180页。

[58] 施奈德：《佛罗伦萨银行家与教会的关系》，莱比锡，1899年版。 约当编：《圣锡埃与意大利的银行家》(《天主教国际会议》，第5编，布鲁塞尔，1895年版，第292页)。

[59] 参考导论中引证的犹太人材料。 又见霍夫曼：《从中世纪到1350年德国犹太人的商业公会》，莱比锡，1910年版。

[60] 皮朗：《布腊班特的阿莱德伯爵夫人与圣阿奎那的“论犹太人的管理”》(《比利时王家学院人文学公报》，1928年)。

[61] 关于1380年巴黎发生的一件奇案，见贝拉格编：《圣丹尼教士编年记事》，第1卷，第54页。

[62] 布腊班特的犹太人数目不多。 因为被没收的犹太人财产只有7 065布腊班特佛罗林(汉纳，瓦特斯著：《布鲁塞尔史》，第1卷，第133页)。

[63] 1367年，“Cavwersinen”一词，在布鲁日系指伦巴第人，见吉里阿德特·凡·塞费伦：《布鲁日档案目录》，第2卷，第140页。 加禾尔人也兼营货币、商品两种交易。 见艾伦斯著：《威廉·塞瓦特·封·卡浩斯在伦敦经商》(《社会经济史季刊》，1913年第11卷，第477页以下)。

[64] 比格伍：《货币贸易史》，第1卷，第340页。

[65] 同上书，第451页。

[66] 同上书，第2卷，第263页，载有1228年圣伯丁住持放款生息事。

[67] 魏茨编：《基督教库藏大事记》，第14卷，第215页。

[68] 阿诺耳德：《德国城市财产史》，巴塞尔，1861年版。 马列兹：《中世纪城市，尤其是法兰德斯城市的财产研究》，根特，1898年版。 戈伯斯：《中世纪哥隆城之遗产继承人及其与房租之关系》(见《萨维尼基金法律史期刊，德意志部分》)。

［69］寺院也为它们的债权人设置终身租金，皮朗编：《里克尔地方威廉寺院账簿》一书中，有 1267 年的死后归回教会之年金的名单。关于城市的终身租金，参考艾斯皮纳：《杜埃公社的财政》，巴黎，1902 年版，第 321 页以下。

［70］前引比格伍：《货币贸易史》，第 1 卷，第 456 页。

［71］恩德曼：《天主教教会法规中经济学及法律学研究》。施赖伯：《从经院学派哲学家托马斯·阿奎那以来的国民经济观》，耶拿，1913 年版。范封尼：《意大利资本主义精神的起源》，米兰，1932 年版。萨波里：《圣托马斯教义中的以及当时实际生活中的公正价格》（《意大利历史档案》，1922 年）。

［72］里普逊：《英格兰经济史》。

第五章

至 13 世纪末期为止的国际贸易

一、 商品与国际贸易的路线[1]

中世纪的商业，一开始就不是在地方贸易的影响之下，而是在输出贸易的影响之下发展起来的，这看起来似乎很奇怪。 正是由于这种原因才产生了作为 11、12 世纪经济复兴之媒介的职业商人。 在中世纪商业开始发展的欧洲的两个地区，即意大利北部与尼德兰，情况是一样的。 远程贸易是推动的力量。[2]当我们研究一下商品的性质时，就更加明显了，因为所有的商品都是外来品。 的确，中世纪早期的商业与殖民地贸易颇有相似之处。

香料是这种贸易的首要商品。 一直到最后，香料所占的首要地位始终未变。 香料不仅创造了威尼斯的财富，也创造了地中海西部所有大商埠的财富。 11 世纪时，第勒尼安海与非洲及利凡特诸港的直接航运恢复了，香料成了商船上最优越的商品。 在葡萄牙人发现新航路而直接购买香料以前，从阿拉伯、印度、中国来的商队把大批的香料运到叙利亚，叙利亚成了欧洲商船的主要目的地。 载运的方便和售价的昂贵，使香料具有无与伦比的优越性。 因此，中世纪的贸易是以奢侈品的贸易开始的。所谓奢侈品的贸易就是成本较低、利润较高的贸易。直到中世纪贸易的末期，这种性质也并无改变。需要巨额运费与大量资金的大批原料和日用消费品的贩运，在中世纪是没有的。这就是现代贸易与中世纪贸易最为强烈的对比。中世纪的港口设备只是一些简单的木建码头，备有一两架起重机，可以停靠200吨至600吨的船只。这就是当时所需要的一切设备，在那里装运、起卸商船上几百吨的胡椒、肉桂、丁香、豆蔻、甘蔗等贵重货物。

西方人自从墨洛温王朝末年起就已停止使用香料，这时以更大的热忱来欢迎香料的到达。香料迅速恢复了在上等社会食谱中的地位。输送到阿尔卑斯山以北的香料愈多，人们对它的需求也愈大。无论香料的到达如何迅速、频繁，也没有缺乏买主的风险。中世纪的船主不必担心香料的存货过多和它的价格惨跌，因为每一艘回到注册港埠的商船，都因贩运香料而获厚利。不过，也有许多风险存在，例如频繁的船舶遇难，海盗在光天化日之下进行劫掠就像正规经营一样地活跃，再加上意大利诸城市之间经常发生战争，每一个城市都想打败其商业对手，从对手的毁灭中获得利益。在整个中世纪，意大利诸城市在地中海上争夺之剧烈，不下于16世纪至18世纪期间西班牙、法国、英国在大西洋、太平洋上的斗争。当热那亚和比萨刚刚开始与利凡特通商，威尼斯就决心要把它们从这个向来由威尼斯独占优势的区域驱逐出去。威尼斯人竭尽能力与机智而建立的君士坦丁拉丁帝国，使威尼斯暂时拥有对其对手的优势。1261年拜占庭复兴以后，威尼斯就丧失了这种优势，而拜占庭的复兴一部分就是由热那亚促成的。从此以后，这两个商业大城市就分享了对爱琴海的支配权，继续互相竞争，互相损害。至于比萨，自从1284年在麦罗里亚被热那亚的海军打败以后，就不再是一个可怕的对手了。不过，这种斗争的持久与顽强并没有丝毫损害斗争者的繁荣。斗争显著地证明了它们的能力，也证明了它们从剧烈竞争的贸易中所获得的巨大利润。

香料是地中海贸易的动力，但是它们并没有吸引地中海的全部贸易。当西方与东方、基督教徒与伊斯兰教徒的关系日益密切与频繁的时候，各种自然商品与制造品的交易也不断地增加。从13世纪起，输入欧洲的商品有米、橘、杏、无花果、葡萄干、香粉、药剂与来自印度的苏木、洋红、明矾等染料。除此以外，还有棉花——威尼斯人把它称为bombacinus，这是棉花的希腊语称呼。热那亚人用阿拉伯语称棉花为cotone，后来，欧洲的各种语言就沿用了热那亚人对棉花的这种称呼。生丝是从12世纪末年起输入欧洲的，并且，当丝织品和棉织品的制造首先在意大利，随后不久又在大陆上发达起来时，生丝的输入量也和棉花一样日益增加了。东方的若干制造品，例如大马士革的缎子、巴格达的神龛、摩苏尔的纱布、加沙的棉纱，在欧洲也是有需求的。西方后来也仿制这些商品。在现代欧洲语言里，还充满了从阿拉伯语来的词汇。它们是由于东方的商业而介绍到欧洲来的，并且也是东方商业的活跃及其多样性的证明。英语中的"长椅"、"市场"、"野菜"、"菠菜"、"茵陈蒿"、"橘子"、"壁橱"、"武库"、"壶"、"仓库"、"糖浆"、"线缎"、"箭筈豌豆"、"关税"，法语中的"关税"、"港口"、"盐税"、"沥青"、"女衬衣"、"百公斤"、"暗礁"等词汇，都是通过意大利人从阿拉伯语传来的。

由于这些商品的输入，一种舒适而精致的生活方式逐渐流行于整个西欧了。作为交换，意大利人以木料与武器，威尼斯至少在一个时期内以奴隶，供给利凡特的海港。不过，不久以后，羊毛织品就成了主要的输出品。最初是意大利织造的麻织品，接着，从12世纪下半叶起，就是法兰德斯和法国北部的呢绒。无疑地，在意大利商人经常出入香槟集市的时候，就注意到了这些呢绒的质地优良，认为它是一种有利可图的贸易。热那亚港是向东方运输呢绒的良港。在热那亚港贸易的迅速发展中呢绒确实起了巨大的作用。热那亚档案中保存着的公证人条例指出，在13世纪初叶以前，热那亚输出从以下各地来的呢绒：阿腊斯、利尔、根特、伊泊尔、杜埃、亚眠、博韦、康布雷、土尔内、普罗万、蒙特勒伊，[3]等等。上述地名中包括了不少的法国都市。但是在13世纪时，这些地方的工业地位为法兰德斯和布腊班特所取代了。从此以后，法兰德斯和布腊班特就成了欧洲最优良的呢绒产区。[4]这两个地方的呢绒以质地优良著称，而其柔韧、软和以及色泽的美丽更是无以匹敌的。它们是道地的奢侈品。它们在商业上的流行是由于能卖得好价钱。呢绒在纺织品中的地位与香料在食物中的地位相同。从13世纪以后，意大利商人凭借他们雄厚的资本与高超的手法，垄断了法兰德斯呢绒向南方的出口。自从香槟集市衰落以后，意大利的大商业公司就在布鲁日设立了“代办处”，经办法兰德斯与布腊班特呢绒的批发购销。发货时，有铅质签条标明它们的价格与质量。佛罗伦萨订购了大批未经最后修整的呢绒，送到佛罗伦萨城内有名的“加里马拉工艺行”去加工修整。[5]

这样，与布鲁日保持着经常联系的法兰德斯和布腊班特的工业，就远远地对地中海的贸易起着重要的作用。这个事实就使布鲁日具有中世纪欧洲其他城市所无法夸耀的地位。人们往往称布鲁日为“北方的威尼斯”，这是一个误会，因为威尼斯从来不曾享有这个伟大的法兰德斯港口所享有的那种无可匹敌的国际重要性。威尼斯的力量主要来自海运，并未得力于外国人，只有德国人在那里有一个固定的机构——德意志商行，而其活动也仅限于购买威尼斯船只所进口的商品。相反地，布鲁日则极端依赖它的外国顾客，它明显地预示了16世纪安特卫普所起的作用。往来于布鲁日的船只，大多数是外国船主的船只。布鲁日的居民在商业活动中并不占什么地位，他们只满足于充当从各处到布鲁日来的商人的中间人。从13世纪起，威尼斯人、佛罗伦萨人、加达鲁尼亚人、西班牙人、巴央人、布勒塔尼人、汉撒人都在布鲁日设有各自的仓库与账房。他们培育着这个大商埠的活动，使它继承了香槟集市，成为北方与南方商业联系的枢纽，不同之处在于，集市是定期举行的，而布鲁日的联系是固定的。

直到14世纪上半叶，热那亚和威尼斯方始与布鲁日港建立了直接的海上联系。而在这以前，它们只是由陆路与意大利及法国南部相交往。但是在另一方面，北方船只经常到布鲁日来，斯堪的纳维亚的水手们已经放弃提尔而瞩目于布鲁日了。由于在12世纪时北海与波罗的海的霸权转移到了德国的一些城市，这种商业复兴对布鲁日的财富产生了极大的推动力。[6]1180年以前布鲁日外港对姆的建立，1293年以前次文河口的斯类斯外港的建立，不能单单解释为布鲁日港逐渐淤塞的结果，而是由于轻巧而无船楼的斯堪的纳维亚的小船已经为汉撒的载重货船所替代了。载重货船需要较深的停泊所，再加上到达的船只日益增多，就需要更大的地位。汉撒船只的到来，也可以看作法兰德斯商业航运注定衰落的日子。事实上，法兰德斯的航运量向来不大。法兰德斯航运的消失，就完成了布鲁日商业所起的纯粹消极的作用。

些耳德河流域呢绒工业的兴盛，是汉撒人与意大利人在布鲁日经营的主要原因。但是对汉撒人说来，继续与意大利接触的利益具有很大的吸引力，把他们吸引到该城市来。法兰德斯伯爵在意识到自己利益的情况下，对汉撒人表示欢迎。1252年，马加勒特伯爵夫人应卢卑克的请求，用帝国若干城市的名义管理对姆的税收。从13世纪下半叶起，汉撒人或东方人在布鲁日建立的国外支行，直到中世纪末期一直是他们在德国境外所占有的最重要的支行。

在北欧，条顿人的汉撒所占的地位，与意大利一些大港埠在地中海流域所占的地位颇为相似。像意大利港埠一样，汉撒成了西欧与东方的媒介。不过意大利的东方与汉撒的东方是不相同的。在意大利的东方，拜占庭与伊斯兰教世界以丰富的自然产品和在数千年文明中臻于完善的工业品供应商业。而在汉撒人所开发的东方，其中最近的地区仍旧处于殖民过程中，最远的地区还处于原始的野蛮状态，而且汉撒人所面临的是北方凛冽的气候，森林覆盖的土地，还有那在冬季冻结而不能通航的海洋。当日耳曼殖民事业越过易北河前进时，在波罗的海沿岸兴起了城市。在卢卑克(1158年建于特剌夫河岸)的有力推动下，日耳曼人接着占领了一些岛屿与河口。1160年，他们从斯堪的纳维亚人手中夺取了果特兰岛，建立了维斯比城。约在1218年，他们建立了罗斯托克。施特腊耳宋特与但泽大约建立于1230年。维斯马约建于1269年。里加出现于13世纪初，多尔巴德出现于1224年至1250年之间。约20年以后，还建立了位置最远的累发尔。这样，商业的中产阶级在征服工作还没有完成以前，就在斯拉夫人、立陶宛人、勒特人的沿岸土地上立了足。条顿武士还没有占领全普鲁士，也没有建立哥尼斯堡，但是他们已经奠定了厄尔宾的基础。同时，他们在瑞典的海岸也建立了一个立足点，并在斯德哥尔摩定居，又在斯加尼亚半岛捕捉青鱼。

这些前哨港口，建立在斯堪的纳维亚人刚刚被逐出的波罗的海沿岸仍然处于半占领状态的领土上，因此，它们之间为了共同的保障，需要缔结某种协定。1230年左右，卢卑克与汉堡订立了一个友好自由贸易协定，在卢卑克的领导下，波罗的海的新兴城市结成了一个同盟，北海诸港迅速加入，这就是有名的“汉撒同盟”，也就是“商人公会”的通称。德国海运城市的这种同盟，使它们在北方海洋上拥有优势，这种优势一直保持到中世纪末，这与地中海意大利诸城市间不断发生冲突恰成强烈的对比。由于这种协议，德国海运城市成功地抗拒了丹麦国王们发动的进攻，促进了它们在海外的共同利益。

汉撒同盟在西欧的贸易基地，有12世纪中叶建立的伦敦钢站，而最主要的则是布鲁日的国外支行。在东方，它们在诺夫哥罗德拥有另一个基地，并从这里开发对俄罗斯的贸易。通过威悉河、易北河与奥德河，它们的贸易深入到了大陆德国，通过维斯杜拉河控制波兰，并将它们的活动推到了巴尔干边境。在另外一方面，自从巴真拿克人于12世纪定居于黑海及里海沿岸以后，过去波罗的海通过俄罗斯与君士坦丁堡及巴格达交通的商业大道被封闭了，这使地中海独霸了与拜占庭及伊斯兰教东方的联系。

与意大利诸港成为强烈对照的是，汉撒同盟的出口向例是自然产品，这是它们内地纯农业区域所能提供的产品，其中最主要的是普鲁士的小麦、俄罗斯的皮毛与蜂蜜，以及斯加尼亚渔场的木材、焦油、干鱼和腌青鱼。此外，汉撒同盟的船只还带回头货，它们从英国装回羊毛，从比斯开湾装回部尔纽夫盐（晒盐）与法国的酒。这些贸易都是围绕着布鲁日进行的。布鲁日成了汉撒同盟商业的一个中心地，成为波罗的海与贸易终点比斯开湾的中途站。在布鲁日，德国商人购买了从意大利来的香料，从法兰德斯与布腊班特来的呢绒，然后运到远至诺夫哥罗德与波兰南部。在所有的海运城市里，这些商品堆积在布匹零剪商的店里，供富有的市民阶级缝制衣服。汉撒同盟的贸易量，如果没有超过地中海，至少也与它相当，不过资金较少。汉撒同盟的贸易开支大，收益小，它的商品不能像香料买卖那样能够提供巨大的利润。因此，在汉撒同盟的所有城市里找不出使中世纪意大利成为欧洲金融支配者的那些强大的金融机构，这是不足为奇的。巴尔迪、佩鲁齐这样的商号与卢卑克的魏腾布、汉堡的吉尔德森、罗斯托克的托尔勒这些正直的商人之间存在着很大的鸿沟，而前者完备的商业技术，与后者朴素的方法，也适成强烈的对比。

德国其他地区的经济活动力，都没有达到像汉撒那样的高度。13世纪初期，沿海的城市比曾经把城市文化介绍到帝国来的莱茵诸城市占有优势。科隆在霍亨斯陶菜时代还是德国的一个大城市，约自1250年以后就逐渐为卢卑克所取代。但是由于莱茵河仍旧是意大利与尼德兰贸易的主要路线之一，因而科隆与莱茵河下游城市乌德勒支以及莱茵河上游的美因兹、斯拜尔、沃尔姆斯、斯特拉斯堡、巴塞尔一样，仍旧保持了商业的重要性。莱茵河与摩泽尔河流域的葡萄园还有大量的酒输出。在所有的主要中心地还保持着一种活跃的工业，虽然它的规模只是区域性的。

至于德国南部，虽然通过威尼斯与地中海商业保持着接触，可是它远未达到中世纪末叶所达到的繁荣。德国商人在威尼斯建立的德意志商行，在各方面都不能与布鲁日强大的汉撒国外支行相比拟。提罗尔与波希米亚的矿业还刚刚开始。萨尔兹卡麦古特与郎内布克的食盐贸易，也无法与由海道运销各地的部耳纽夫盐相竞争。多瑙河通向黑海的大道没有被利用，它仅仅被当作取道于奥格斯堡、累根斯堡、维也纳的巴伐利亚与奥地利之间的交通要道。匈牙利未开发的情况以及巴尔干不断的动乱，使多瑙河下游的交通受阻。除此以外，德国过于细小的政治区划，皇帝的软弱，敌对王朝的斗争，都不利于经济活动的发展；而且这里也没有意大利所享有的那种便利：先进的文化，便于和海上联系的地理位置。

在欧洲，英格兰是唯一具有能控制本国全境而不受封建领主阻挠的国民政府的国家。英格兰具有比大陆其他国家更为优越的经济管理制度。但是，英格兰的工业与商业均不曾因这些优越条件而受益。直到14世纪中叶，英格兰还主要是一个农业国家。除了伦敦港从11世纪以来就不断地为大陆商人所利用以外，英格兰的一切城市在爱德华三世以前都满足于只生产自己市民与附近乡村居民所需要的东西。英格兰城市生产的优质羊毛，只满足自己以及当地顾客的需要，只有斯特腊特福德于13世纪约有50年的时期是例外。这种明显的变态，是由于中世纪早期法兰德斯呢绒业极度发展的结果。英格兰的呢绒业既然赶不上邻国尼德兰，就只得以原料供给尼德兰。他们与法兰德斯呢绒业的关系，有如阿根廷共和国、澳大利亚与今日的欧洲及美国呢绒业的关系，英格兰人不与尼德兰竞争，转而致力于增加羊毛的生产，而羊毛的销路是没有问题的。英格兰的塞斯特恩诸寺院成了杰出的羊群畜养者。因羊毛贸易而繁荣的有乌兹河沿岸的圣·易弗斯集市、温契斯特的圣吉尔、斯托布里奇、波士顿的圣·波多尔弗、韦斯特明斯特、诺桑普敦、布里斯特尔。这种贸易同时构成了国王的大部分收入，并且使诸港埠日趋活跃。[7]

英格兰的航运却没有与羊毛的出口一齐发展，这似乎是令人诧异的事。最初，英格兰的羊毛主要由大陆船只运输，13世纪时几乎为条顿的汉撒同盟的船只所独占。中世纪末期以前，[8]英格兰诸王并未推动其臣民去经营航运业，相反地，他们却热衷于以各种特惠吸引外国商人到英格兰海岸来。他们的政策显然主要源于财政的动机，因为他们的财库收入依赖的是对外贸易的税收，而他们的借款来源是居住在伦敦的资本家。13世纪时，大批意大利人在伦敦定居，他们在伦敦除进行金融活动外，同时还经营羊毛贸易。他们把羊毛运到法兰德斯出卖或直接运往阿尔卑斯山以南的呢绒中心，尤其是佛罗伦萨。

法国的经济性质远较英格兰为复杂。在中世纪末期以前，法国并不是一个经济统一体。它由一些互不相属的地区所组成，这些地区之间的关系并不比与外国人的关系更密切。在南方，蒙彼利埃、郎格多克的亚格摩特与纳尔榜，尤其是普罗凡斯的马赛，都参加了地中海的商业，在13世纪经营着法兰德斯呢绒输出与香料输入的贸易。但在13世纪末期，由于圣路易十字军的失败以及热那亚的竞争，这些地区的繁荣大为减色，直到17世纪还不曾恢复。自此以后，马赛的贸易就只限于法国南部了。它的衰落与香槟集市的衰落几乎是同时发生的。而我们知道，从12世纪初起，香槟集市就是欧洲的巨大商业中心。这种衰落给巴黎带来了很大的好处，巴黎与布鲁日都成了阿尔卑斯山以北意大利商业企业的主要中心。他们把丝织业介绍到这里来，但是他们自己则主要经营银行业务。不过，巴黎在中世纪经济史上所占的地位，与法国文明的声威以及自腓力·奥古斯都统治开始以来法国的政治优势都没有关系。巴黎之成为一个国际都市，是由于它的大学，而不是由于它的贸易与工业，巴黎所吸引的外国人只是意大利人与尼德兰的呢绒商，巴黎人口的迅速增加主要是由于宫廷所在和政治集中化的发展。13世纪末期，巴黎有282个行业，[9]都是由工匠们在小作坊内进行生产，只供应这个大都市的需要，并未企图把市场扩大到巴黎以外。从工业的角度来看，与意大利及尼德兰不同，法国不是一个输出国家。它的建筑师和雕刻师把他们的艺术传播到全欧。但是它在国际贸易中所占的地位，完全是由于它丰富的自然资源。

在法国的自然资源中占首要地位的无疑是酒。令人诧异但又遗憾的是，对葡萄栽培法与酒的贸易从没有因它们的重要性而作过相应的研究。[10]中世纪时，酒在不产葡萄国家的食谱中所占的地位，似乎比现代更为重要。在英国、德国尤其是在尼德兰，酒是富裕阶级的普通饮料。在根特，一个13世纪的法官区别平民与市民的不同，就是根据后者宴客时总是请喝酒这一点，[11]因为意大利的酒并不输出，而莱茵河与摩泽尔河流域所产的酒又有限。从13世纪起，在北方国家的国际贸易中，法国酒肯定是占有优势的。塞纳河流域与勃艮第的酒似乎只由卢昂的船只输出，但是波尔多的酒类，因为数量多、质量高，而且波尔多接近海洋，运输便利，故在12世纪经济复兴开始时就日益驰名。加斯科尼、布勒特与英国的船只，尤其是14世纪中叶汉撒同盟的船只，从奥累龙河的泊船处与拉罗舍尔港(在商业上甚为有名的“拉罗舍尔酒”由此得名)把法国的酒运到北海及波罗的海的极远处。法国的酒也由河流运入欧洲内地。14世纪初，大批的法国酒涌到列日，以致尽管运输的路程较远，售价却比德国酒便宜。[12]英国是法国酒的一个长期市场，直到15世纪中叶，加斯科尼仍是英格兰的领地。酒的贸易造就了相当大的财富，直到今日，英国贵族中还有因酒而发迹的家族。[13]波尔多的酒类运输业极为重要，故当时运酒商船队的惯例，竟导致了北欧海上法的产生。12世纪末期的奥累龙案卷里，有对运酒商船所作出的一些“裁判”。这部案卷很早就在对姆译成了法兰德斯文，然后从法兰德斯流传到英格兰并远传到波罗的海，在这一带，它们被称为“维斯比的海上法”。[14]

部耳纽夫盐矿与拉罗舍尔靠得很近，由于地理上的便利，因此装运酒的商船，可以同时装运一些食盐。在14世纪，当斯加尼亚沿岸的青鱼捕捞业逐渐发达的时候，汉撒船只运入的部耳纽夫食盐也在逐渐增加，在德国，它甚至很快就能成功地与郎内布克及萨尔斯堡的盐相竞争了。[15]

除了酒和食盐以外，法国还输出阿尔土瓦与诺曼底的谷物。在皮卡尔迪栽培的菘蓝，曾被称为“中世纪的靛青”，它的贸易集中在亚眠。种植于郎格多克的菘蓝，大大地促进了图卢兹的繁荣。在法兰德斯和意大利的呢绒工业中，法国的菘蓝都有现成的市场。

因此，总的说来，中世纪的法国，其性质与今日的法国是大同小异的。除少数奢侈品如里摩日的珐琅外，它的工业只供应自己的需要，它在欧洲贸易中占着很不重要的地位。当香槟集市兴盛的时候，法国北部城市的呢绒贸易十分活跃。香槟集市衰落以后，法国北部城市在国际贸易中的地位，就为法兰德斯与布腊班特所取代了。法兰西王国极北的土尔内与瓦伦西亚(无论怎样说，瓦伦西亚都属于帝国的范围)虽然仍旧是第一流的纺织中心，但是它们仰赖布鲁日，并隶属于尼德兰的经济中心。法国的财富主要是它的丰富、多样和优良的物产。法国的酒和香料一起出现在小康之家的餐桌上，特别是酒，它使法国与意大利同时成为欧洲奢侈食品的供应者。应该注意的是，与意大利不同，法国并不是由它自己输出它所提供给商业的产品，正确地说，除马赛和普罗凡斯诸港的商船积极参加了地中海的贸易以外，法国并没有自己的商船队。法国把加斯科尼湾、海峡、北海的航运完全放弃给了外国人，如巴斯克人、布勒特人、西班牙人和汉撒人。不过，尽管法国没有大的商业或工业财富，可是直到百年战争的灾祸发生前，它却享受着其他地方所没有的小康和经济稳定，这对13世纪法国文明的繁荣，无疑是有贡献的。[16]

当西班牙的诸王朝把阿拉伯征服者驱逐出境以后，他们便开始在经济史上发挥出日益增长的作用。阿腊贡的巴塞罗那从13世纪起，就以其冒险精神及勇敢的水手而著名。由于“光复”以后仍有许多犹太人留居在当地，巴塞罗那获得了经营航运业的充分资金，并且很快学会了意大利的商业技术。最初，像早期的威尼斯人一样，巴塞罗那人也从事奴隶贸易，对伊斯兰教徒发动的战争，向巴塞罗那人提供了大批的摩尔人俘虏。阿腊贡诸王插足于西西里，当然在两国的关系中产生了一种新的推动力，[17]而加达鲁尼亚人向希腊及稍后向爱琴海诸岛进行的冒险远征，更是刺激了西班牙与东方的贸易。巴塞罗那人在这里进行着战争，同时又经营商业。从14世纪初期起，巴塞罗那人的船只就冒险驶出了直布罗陀海峡。在布鲁日，它们遇到了加利西亚与葡萄牙的船只。这些船只在大西洋沿岸进行近岸贸易，主要输出金属及西班牙羊毛，到中世纪末期，西班牙的羊毛就在尼德兰的呢绒业中取代了英国的羊毛。

如果我们考虑一下中世纪国际贸易的商品，就可以看出，工业品远远少于农产品和食品、香料、酒类、谷物、盐、鱼、羊毛。只有在尼德兰及以后在佛罗伦萨的呢绒才有大额的输出贸易。意大利制造的丝织品和奢侈品的范围是有限的，几乎所有的工业部门(例如瓷器、家具、鞋、衣服、厨房用具及各种用具)都保持在城市范围之内，都为城市工匠所垄断，只供应地方市场。

不过，可以指出若干明显的例外。在德意志境内，在希耳德斯海姆和纽伦堡、马斯河流域、惠伊，尤其是迪囊，五金业已发展到了能供应国际贸易的程度。迪囊的铜器号称为“迪囊特利”，闻名全欧洲。不过，中世纪冶金技术极为幼稚，与现代经济适成强烈的对比。提罗尔、波希米亚、卡临西亚的矿工，不过是一些使用最原始的方法联合“开山”的农民。直到15世纪，附近城市的资本家才把他们组织起来，用于发展矿业，可是，即使在这个时期，矿业也是很不重要的。煤炭业的发展更差，虽然从12世纪末期起列日附近就已经使用煤炭，而到13世纪时列日的矿工在挖掘横巷道、直巷道及矿井排水的技术上已经具有很大的成就，可是在许多世纪内“黑土”在它的丰产地区仍然只用于家庭中。[18]直到18世纪，用煤来炼铁方始在经济史上开创了一个新的纪元。

13世纪时，从地中海到波罗的海，从大西洋到俄罗斯，整个欧洲都敞开了国际贸易的大门。国际贸易从北方的尼德兰和南方的意大利这两个中心开始，延伸到海岸，由海岸再逐渐深入到大陆腹地，如果考虑到国际贸易所必需克服的一切困难——惨淡的销路，不完备的交通工具，普遍的不安全，缺乏组织的货币制度——就不能不佩服中世纪国际贸易的巨大成果。最令人惊异的是，政府除了因财政原因而保护商人外，并没有给予他们什么帮助。因此，在国际贸易领域中的成就，只能归功于商人本身的精力、主动性与创造性。在这方面充当欧洲领袖的意大利人，无疑从拜占庭人和伊斯兰教徒那里学到了很多东西。拜占庭人和伊斯兰教徒的先进文明对意大利人的影响，与埃及、波斯对古代希腊的影响是一样的。但是，在内争剧烈程度上也与希腊人相似的意大利人，很快地吸收并发展了他们所借鉴的东西。他们建立了商业公会，组织了信用机构，恢复了货币，并把他们的经济措施传播到北欧，而且像 15、16 世纪人文主义传播到北欧那样显著。

在结论中，人们当然希望比较精确地估计中世纪国际贸易的容量。[19]以上已对这种国际贸易的主要特征试加说明。很遗憾，由于材料过少，我们只得放弃这项估计。因此，把中世纪的国际贸易与现代的商业作对比，显然是荒谬的。今日的世界贸易具有现代科学的一切资源可供利用，而中世纪的国际贸易只局限于西欧，并只能使用最不成熟的方法，所以两者不能进行对比。中世纪商业的顾客以“百”作为计算的单位，而现代商业的顾客则以千百万计。20 世纪一艘轮船的吨位，抵得上 13 世纪整个威尼斯船队或热那亚船队的总吨位。企图与 15 世纪以后的商业重要性作比较，来估计中世纪贸易的重要性，也是得不到结果的。虽然它们之间的差别相对不显著，但如果把东印度群岛和美洲的发现计算进去，则差别仍旧很大。有人推测，中世纪的商业与 16、17 世纪的商业为一与五之比，但是由于缺乏统计数字，这个公式也是毫无意义的。我们需要的是中世纪商业的统计数字，但是连近似的统计数字都没有。我们只能这样说，中世纪的商业量是与当时的那种商业活动相适应的，这种商业活动的规模是由威尼斯、热那亚、布鲁日、意大利在利凡特的殖民地、汉撒城市的航运以及香槟集市的发展所充分保证的。

二、国际贸易的资本主义性质[20]

一些经济学家用倒转过来的望远镜，换言之，即用 20 世纪的眼光来观察中世纪的商业，断言中世纪的商业并不重要。他们还以文艺复兴前欧洲并无资本主义商人阶级存在的说法，来为自己的论点辩护。他们往往把意大利的若干商业企业说成是例外，可是这种例外却正是常规。有人甚至断言，中世纪的典型商人就是小商贩，他们只兢兢业业于谋生，并无谋利的观念，也没有发财致富的欲望。当然，在城市小市民中有不少这类零售商人，不过把本书所述的出口商和银行家降低到与这些零售商人等量齐观，是很荒唐的。只有那些由于先入为主的理论而完全忽视现实的人，才会否认从经济复兴时起就存在的商业资本主义的重要性及影响。

当然，资本主义和作为资本主义因果的大规模的商业，并不是在所有国家内同时发生的，它们在各处发展的强度也有所不同。在这方面，莱茵河以东的德意志无疑落后于西欧，更落后于意大利。由于忽视了这一点，许多德国学者根据符合他们自己过去的、部分正确的结论，轻率地得出了一般的推论。德国学者的著作所引起的真正的兴趣，使一般人接受了他们的推论，乃至使人们看出：为了纠正他们对德国商业的夸大，只有把同样的方法应用于比德国进步更为迅速、在中世纪经济发展最为完善的国家。

尽管材料很少，中世纪的资料无疑能证明在12世纪时资本主义就已存在。[21]从12世纪起，长途贸易无疑创造了巨大的财富。上面已经引用过有关哥德里克的事例。推动哥德里克的是存在于各个时代的真正的资本主义精神。哥德里克筹划着，计算着，他的唯一目的就是积累利润，[22]而利润毕竟是资本主义的主要特征。有一派历史学家把利润看得十分神秘，但是，在各个时代都会有利润，尽管其发展的程度不同，但本质却是一样的，因为利润与人的贪得欲望是相符合的。哥德里克决不会例外。使我们把这个苏格兰人的故事保存下来的运气，也许可能同样会使我们得到关于一个威尼斯人或热那亚人的故事，并且告诉我们在更有利于商人扩展的环境下的同样的便利条件。哥德里克的意义在于他的心理，而正如他的传记作者特别指出的，这也是与他同时代的所有商人冒险家的心理。哥德里克是新富人中的典型，这些新富人均由商业起家，先在沿海一带，后来当商业深入内陆时，新富人的人数又随之增加。12世纪末期以前，在意大利与法兰德斯这样的例子是很多的。[23]如果我们考虑到我们所知道的只是他们中间极少数的代表，就可以明白，这是当时商业资本主义重要性的显明例证。

如前所指出，这些商业资本家大多出身于社会渣滓。当商业开始复兴时，他们就投身于其中。他们没有资产，只有精力、智慧和对冒险的嗜好，还有他们的胆大妄为。他们像后来17、18世纪的殖民者和海盗一样靠运气发了财。地方市场的零售小贩与这些冒险家毫无相似之处。中世纪早期的同业公会和商人公会的唯一目的，就是满足这种长途贸易的需要。从开始时起，此项贸易的利润必然颇为可观。几百磅香料和几十件呢绒的出售，获利尤厚，因为当时还没有竞争，也没有市场价格，而且在中世纪早期经常是供不应求。在这样的情况下，无论运费多么昂贵，捐税多么沉重，也不能减少可观的利润。为了致富，只要与一些坚毅的伙伴合伙，到那些可以买到廉价出口货的地方，然后把货物运到销售地即可。频繁地发生于某些地区的特有的饥荒，也提供了小本经营得以获厚利的机会。[24]濒于饿毙边缘的人，决不会斤斤计较一袋粮食的价格，而商人也就毫不迟疑地利用别人的不幸。[25]12世纪初期以后的资料，确凿地说明了商人在歉收时期对粮食的垄断。

由于这个时期的商业所提供的无数机会，从事商业的人只要有意志和支持意志的能力与智慧就够了。没有证据足以令人相信，中世纪大商人的先驱者是用个人财富来启动他们的事业的。我们不应该想像他们是土地所有者，会把自己的收益投在商业中来冒险，或是出卖土地来筹集创业的资本。大多数商人都是通过受雇为水手、码头工人或商队助手的途径，来获取最初的资本的。也有一些商人求助于信用，即向邻近某些寺院或地主借得一小笔资金。更有一些商人是以充当雇佣兵起家的，他们利用劫掠来的钱财从事商业。现代许多大财产形成的历史，提供了不少的例证，证明机缘在大财产形成中所起的作用。因此，我们可以有理由说，在社会生活更容易受到机缘影响的那个时代，情况必然也是一样的。举例来说，我们可以认为，比萨与热那亚的商人，其祖先的财富一定得力于成功的海盗远征。最后，公会组织在早期商业资本供给中所占的地位，必须予以重视。在同业公会和商人公会中，购买是共同进行的，而在各港埠，船舶的登记也是用若干合伙者的名义。无论怎样，尽管我们或许不知道最初的职业商人开始经营的确切手段，但是我们至少知道，他们的致富进程是非常迅速的。

11 世纪时，许多商人已经赚得了大量的利润，使自己能够以巨额的款项贷给诸侯们，又能够在自己的城镇里，用自己的钱来建造教堂，并且从领主那里购买了免缴人头税的权利。在许多市区里，中产阶级的形成与培育得力于他们的经费。他们的合作组织，形成了一种正式的市政机构。在圣奥梅尔，同业公会得到守城官(1072～1083 年)的许可以后，自行担负了铺修街道和建筑城廓的一部分费用。[26]在其他一些地方，如里尔、奥德纳尔德、土尔内、布鲁日，他们参加了市区财政的组织。[27]再者，商人所赚得的利润，决不是全部投资于商品贸易的。不少商人在进行商品贸易的同时，还进行货币贸易。这里没有必要重复本书前节所述的金融活动的情况。在意大利与尼德兰，最富裕的商人从 12 世纪起就从事金融活动，他们以相当巨大的款项借给国王与封建诸侯。除上述情况外，所有的商人还继续把剩余的积蓄投入土地。土地是最安全的投资。在 12 世纪和 13 世纪中，商人们购得了城市中大部分的土地。[28]随着城市人口的不断增加，他们的土地变成了建筑基地。他们把地租提到了这样的高度，以致从 13 世纪下半叶起，许多商人放弃了贸易，成为靠租金生活者。因此，流动资本决不是由土地产生的，相反，流动资本却是中产阶级赖以购置第一批地产的工具。[29]

新兴的富人，照例结成了一些紧密的集团。伦敦的法兰德斯商人公会(1187 年以前)的组织章程规定，禁止一切零售商与“蓝指甲的人”，[30]即呢绒业工人入会。当时，参加大规模的商业，必须得到有关的商业垄断集团的许可。在城市里，大规模的商业集中在富裕而骄傲的贵族集团的手中，他们设法排斥“平民”，使“平民”只能从事手工劳动或零售贸易。在商业复兴占优势的一切地区里，小商业与大商业对比鲜明。大商业的资本主义性质是无可争辩的。[31]以原料供给法兰德斯及布腊班特诸城市的羊毛进口商，一次出卖成百匹呢绒的呢绒商人，在利凡特诸港进行贸易的威尼斯、热那亚、比萨的船主们，其分支机构遍布于全欧而同时经营商业与银行业务的伦巴第与佛罗伦萨的大公司，等等，他们不是资本家是什么？[32]自然，批发与零售商业之间的差别并不是绝对的。许多商人同时经营批发和零售。尤其是在德国的布匹零售商，他们从法兰德斯输入呢绒，然后在自己的店里以厄尔为单位零售。[33]在佛罗伦萨的“加里马拉”工艺行的代理人也这样做。[34]商业的专门化无疑还不十分显著，商人按照情况输入别人提供给他的商品，只要这些商品能够给他带来高额的利润。不过，这一切都仅仅表示，商业资本主义是在使自己适应于由市场和当时社会条件所造成的情况。

注　释：

[1] 见书末总书目提要中海德与舒布的著作，又见第一章第三节书目提要中哈普克与雷诺兹的著作。西门施菲尔德：《威尼斯的德意志商行以及德意志与威尼斯的商务关系》，两卷本，斯图加特，1887年版。斯坦因：《汉撒在德国史上的贡献》，吉森，1900年版。丹尼奈尔：《14世纪下半叶德国汉撒的历史》，莱比锡，1897年版。《汉撒同盟的兴盛时期》，两卷本，柏林，1905～1906年版。基塞尔巴克：《14世纪下半叶汉撒的经济基础与汉堡的商业地位》，柏林，1907年版。姆尔尼克：《至14世纪最后25年为止的荷兰商人公会》，海牙，1912年版。罗利格：《汉撒在德国经济史上的贡献》，弗劳兹瓦夫，1928年版。《汉撒同盟》（《社会经济史年鉴》，1930年，第2卷）；《中世纪经济史》，耶拿，1933年版。阿恩德：《矿山主权、矿山自由权的历史及其原理》，哈雷，1916年，第2版。布兰卡：《中世纪的马赛》，两卷本，马赛，1884～1885年版。吉尔曼：《蒙彼利埃商业史》，第2卷，蒙彼利埃，1861年版。波尔：《有关纳尔榜海运贸易的论文》，巴黎，1852年版。福列维尔：《卢昂海运回忆》，第2卷，卢昂，1857年版。米洛：《13、14世纪吕克人在巴黎的居留地》（《古典学校丛书》，1927～1928年版）。斯奈勒：《至15世纪中叶为止尼德兰与法兰西之间的商业发展情况》（见《祖国历史文集》，1929年）。舒布：《1273年英国的羊毛输出》（《社会经济史季刊》，1908年第6卷）。鲍威尔：《爱德华四世统治时期英国的羊毛贸易》（《剑桥大学历史杂志》，1926年第2卷）。鲍威尔，波斯坦：《15世纪英国贸易的研究》，1933年版。

[2] 参考本书第二章第二节。

[3] 参考第一章末。

[4] 这些地方呢绒贸易的极盛时期当在14世纪初叶。这时法兰德斯与布腊班特的呢绒业在大规模交易中所占的地位，远比法国或英国为重要。在英国，人们抱怨说，法兰德斯人和布腊班特人购买了英国的菘蓝、梳毛机和漂土，因而危害到了英国的手工业者。前引里普逊：《英格兰经济史》，第1卷，第399页。

[5] 萨波里：《14世纪初叶的一家加里马拉公司》。杜伦：《14至16世纪佛罗伦萨的呢绒工业》，斯图加特，1901年版。

[6] 布格：《中世纪挪威航运的没落》(《社会经济史季刊》，1914年，第12卷，第92页)。

[7] 舒布：《1273年英国的羊毛业》(《社会经济史季刊》，1908年第4卷)。

[8] 1381年，有一项法案把英国贸易划归英国船只经营，但是无法实行，仍像过去一样，需求助于汉撒同盟的船只。但是1381年的法案，应该被认为是一种新政策的开始，预示国家对经济的干预(《经济史评论》，1931年，第93页，《萨尔特》)。

[9] 282个行业的材料来源是法格里埃著：《13至14世纪巴黎工业及工业阶级的研究》，巴黎，1877年版。第7页以下的附表，略去了同义语及侍女、仆役。

[10] 魏尔恩柯尼希—盖道尔夫：《法兰德斯史》，第3卷，第284页。

[11] 皮朗：《中世纪一种重要的出口商品——法国的酒》(《社会经济史年鉴》，1933年，第225页以下)。斯奈勒：《15世纪下叶的酿酒术以及法兰西与尼德兰之间的酒类贸易》(见《祖国(荷兰)历史文集》，1924年)。

[12] 郝克森：《基督教大事记》(柯斯编，第252页)。

[13] 例如伯特福德公爵，见斯科特·汤姆逊著：《两个世纪以来的家族史》，伦敦，1930年版。

[14] 吉塞尔巴克：《奥累隆案卷与对姆海上法的起源》(《汉撒史》，1906年版，第1页以下)。

[15] 阿加莰：《汉撒的盐业》，海德耳堡，1908年版。参考欧塞尔著《历史上的盐》(《国际经济评论》，1927年)。

[16] 洛特：《1328年的小教区及户口情况》(《古典学校丛书》，第40卷，第405页)载，法国人口(以当时疆域为限)在1328年达到2 300万至2 400万，这个数字比较高。

[17] 见第四章第四节书目提要中萨育：《1200～1230年马赛商人、资本家埃提恩·德·曼都尔的活动》。

[18] 在有关中世纪煤矿业起源著作缺乏的情况下，尼夫：《英国煤矿工业的兴起》(《两卷本，伦敦，1932年版)一书可资参考。

[19] 见前引库利希：《中世纪的商人与放款者》，第1卷，第263页等。

[20] 书目提要：贝洛：《中世纪德国的批发商与零售商》(《经济史问题》，提宾根，1926年，第2版)。库特根：《中世纪的批发商》(《汉撒史略》，1901年版)。谢维金：《中世纪意大利城市中资本主义的发展》(《社会经济史季刊》，1909年第4卷)。施特奈德：《资本组织形式研究》(慕尼黑，1925年，第2版)。柳查托：《文艺复兴时代意大利城市中的小商人与大商人》(见《裘塞普·普拉多教授纪念文集》，都灵，1930年版)。桑巴特：《资本主义》。皮朗：《资本主义社会史的阶段》(《比利时王家学院人文学公报》，1914年)。

[21] 参考第二章第二节。

[22] 本书曾引"小书"中的一段话完全证明了这一点："在童子时代就作简单的房屋交易，及至成年，熟悉世故，更改进方法，彻底掌握如何明智地吸取和运用世俗知识。他不走农业的道路，而是专拣聪明的头脑所必备的种种学习，奋发努力，毫不放松。他学习商人们如何竞争，开始在商家中走动，做起生意来。先是搞小零小碎的、不值钱的买卖，继而尝试赚钱的生意。自此他年轻的心灵便越来越向最大的利润奔去……他常因买卖前往达齐亚，几次驾着船横穿法兰德斯，好几次遇上机会有海船驶往苏格兰。在任何地方他总是搜寻珍奇的因而也是贵重的东西，运往当地没有而当地人把它们看作比黄金更可贵的地方去。因此他对任何外地及其居民都专心地仔细估计，互作比较。就凭这种独特的经营方法，他在较大多数场合都能获利，而他又卖尽力气追求最大的财富，因此，由于生意愈做愈大，由小小的本钱积成了可观的巨资"(第29～30页)。

[23] 参考本书前述有关各节(第二章第二节末，第四章第四节)。

[24] 库尔斯曼：《中世纪的饥荒》(莱比锡，1900年版，第132页以下)。

[25] 参考注[22]关于“比黄金更可贵的”商品的说法。

[26] 艾斯皮纳和皮朗：《圣奥梅尔商人公会的惯例》（《中世纪》，1910年）。

[27] 皮朗：《资本主义社会史的分期》，第282页以下。

[28] 参考本书第三章末及皮朗：《中世纪的城市》，第168页以下。

[29] 马列兹：《中世纪城市的土地所有者》，第11页，44页。艾斯皮纳：《杜埃的城市生活》，第3卷，第578页，第4卷，第4页中有关呢绒商人杰安·德·法朗士与杰克美·里·布隆在城市拥有的房屋一览表。

[30] 皮朗：《伦敦的法兰德斯商人公会》，第81页。

[31] 13世纪意大利文献中，“资本”一词通常指投于商业中的款项。

[32] 关于13世纪热那亚商人查卡利亚的惊人财富，参考前引布腊提昂诺：《13世纪热那亚人在黑海的商业活动研究》。

[33] 参考本书第四章第四节注释中所指出的账簿。

[34] 萨波里：《一个加里马拉公司》。

第六章

城市经济与工业管理

一、 作为经济中心的城市及城市的供应[1]

15 世纪以前及 15 世纪期间，城市是工商业惟一的中心。 任何城市都与乡村截然不同。 城市与乡村的分工十分明确，乡村以从事农业为限，而城市则从事贸易及工艺。 因此，城市的重要性是同它们的经济势力范围成正比的。 对这一规律很少有例外，也许除罗马、巴黎与伦敦外再没有别的例外。 罗马是教会领袖的驻地，巴黎与伦敦是两大王国国王的驻跸地，它们具有在其他情况下所未能具有的影响。 在中世纪，国家还没有充分集权化，政府和行政机构还没有充分固定化而足以造成现代首都或古代城市那种集中的情况。 充其量只有一些主教驻节的城市，由于它们是教区的中心，才得到了一些便利。 不过，这些便利仅仅是增加了它们的活动，并不是造成它们活动的原因。 无论在什么地方，单凭宗教组织决不足以造成城市生活的巨大发展。 有些城市，如果其居民只需要一座教堂或一所寺院，则这些城市的发展就决不会超过二等乡村城市。 只要举出德国的富耳达、科尔比，尼德兰的斯塔佛洛、特芬勒，英国的伊利，法国南部的吕克塞厄、未支雷和其他一些小城市就够了。

众所周知，在中世纪的城市里，教士是一种外来人。他们的地位使他们不能分享城市的特权。在工商业人口中，教士的经济地位是消费者地位。至于贵族，只是在地中海地区、意大利、法国南部和西班牙，才有一些贵族居住在城市里。这无疑是因为这些城市在一定程度上保存了罗马帝国留在它们身上的深刻的城市特征的标记。这些地方的贵族，从来没有完全放弃过他们在古代城市中的住所，甚至在城市最为衰落的时期也是这样。当城市生活复兴时，他们就继续居住在城市里。他们在私人住宅的屋顶上建筑了高塔，使托斯康的一些风景如画的古城愈加美丽。的确，他们也常常对商业发生兴趣，并且把收入的一部分进行商业投资。威尼斯、热那亚的贵族在海上贸易方面占有相当的地位，他们在意大利诸城市的政治和社会斗争中所占的显著地位，就更不必提了。但是在另外一方面，在北欧，几乎所有的贵族都离开了城市，居住在乡村碉堡里。在城市里，只有在特殊的情况下，才会看到一些零星分散的骑士家庭，它们仿佛迷失在了市民阶级的社会里。直到中世纪末期，贵族们才更加贪求舒适的生活，不欢喜斗争，才开始在城市中建造华丽的住宅。

因此，中世纪的城市，本质上是市民的家乡，是为了市民而存在，也是由市民所建立的。市民创造城市机构，组织城市经济，是为了他们自身的利益，而且仅仅是为了他们自身的利益。当然，城市经济的发展是相当高的，因为它所代表的人口相当多，而且相当活跃地从事于工商业的经营。把中世纪的城市普遍等同化，归纳为一个典型，以为一个半乡村的城堡或是一个像美茵河畔法兰克福这样的二等城市，就足以与威尼斯、佛罗伦萨、布鲁日这样的大城市等量齐观，这是一种常见的错误。德国某派学者以很大精力与才智研究出来的“国家经济”说，在某些方面诚然与实际情况相符合，但是它忽视了许多其他的方面，因此不作重大的修正是不能接受的；而且，这个学说的鼓吹者过于以德国为其主张的依据，而武断地把只适用于莱茵河以东土地上的结论，引伸到了全欧。但是，要得出对城市经济的正确看法，应该从它周围发展最高的地方来研究。

城市经济最迫切的需要，无疑是居民的粮食。不幸的是，要对这个数字作出任何比较正确的估计都是不可能的。我们没有15世纪以前的统计数字，即使有15世纪留下来的一些数字，也是不完整的，极不明确的。不过，对这些数字作了慎重彻底的研究以后，可以使我们得出结论说：中世纪城市人口稀少。看来似乎很奇怪，可是事实证明1450年纽伦堡居民只有20 165人，1440年，法兰克福只有8 719人，巴塞尔在1 450年左右只有8 000人，1444年瑞士的弗赖堡只有5 200人，1475年的斯特拉斯堡只有26 108人，15世纪中叶的鲁文与布鲁塞尔大约各有25 000人与40 000人。

这些数字与长久以来人们不顾可能性所接受的想当然数字，距离很远。因为，除非我们认为12世纪到15世纪的欧洲能够供养如20世纪的欧洲那样众多的人口，否则我们就无法把那个时期的城市人口与现代的城市人口来作比较。有些常引用的材料，由于年代久远而传留下来，但完全缺乏数字的正确性，经不起批评。在1247—1258年这11年间，有两个论到伊泊尔人口的材料，一个说伊泊尔的人口为200 000人，另一个说只有40 000人。但是，当时伊泊尔的人口是否达到了20 000都还是值得怀疑的。根据绝对可靠的人口调查报告，1412年伊泊尔的人口为10 736人。那个时期是伊泊尔人口最少的时期，我们有理由可以假定，13世纪末期工业最发达的时候，伊泊尔的人口可能为20 000人。1346年根特约有织工4 000人，假定织工和他们的家属只占全体居民的1/4，那么当时根特的居民大约为50 000人。[2]布鲁日当然也同样重要。在意大利，威尼斯无疑是西方最大的城市，它的人口不会少于100 000人。佛罗伦萨、米兰、热那亚的人口大约不比威尼斯少很多。[3]总的说来，14世纪初，最大的城市，其人口可能为50 000人至100 000人左右，一个拥有20 000人口的城市，就算得上是个大城市，而在大多数城市里，居民人数一般介于5 000人至10 000人之间。

我们把14世纪初作为计算的起点，这是因为在这个时期城市人口到处都有停止增加的迹象。在此以前，人口一直在增加。城市生活最早的中心地区在迅速发展，是毋庸置疑的，市区界线的不断扩大就是明证。例如，根特连续于1163年、1213年、1254年、1269年、1299年先后扩大市区界线，以便把在它周围形成的近郊包括进去。当时一定也考虑到未来的发展，因为最后建造的城墙圈进了一大片土地，足以为日后长时期内建造新住宅区之用。不过新住宅区并没有建造起来。人口的情况稳定下来了，直到16世纪方始重新增长。

城市的食物供应，仰赖于附近乡村与大规模的商业。城市对本身的食物供应是微不足道的。只有较小的地区——它们在中世纪后半叶获得了市区的特权，但是主要仍保持着半乡村的性质才能自给自足。但是把它们与作为中产阶级摇篮的大商业城市相比拟，是绝大的错误。大商业城市一开始就不得不从外面输入食物。决不能因为这些大商业城市在高度发展的时期还有猪舍牛栏，就否认显而易见的真理。直到18世纪每一个城市都有一些猪舍牛栏，而在今日的大城市里也并未绝迹。猪舍牛栏的目的在于补充主人的食物，完全不是为了供应公众的需要。

市民阶级的粮食供应者，首先是附近地区的农民。最初的市区一经形成，就为农民的产品开辟了销路。直到这时，除了城市与城堡的小型地方市场以外，农民的产品并没有出路。现在，乡村经济的停滞已成为过去的事情了。农民与新兴城市建立起了一种既满足城市需要，又符合农民利益的关系。乡村以粮食供应它的中心地城市，而城市的发展又产生了更大的需要，乡村采取措施来满足这种需要，用增加剩余生产品的办法来适应日益增长的消费。

从最初的时候起，城市政府就感到必须对粮食进口加以管制。城市不仅要取得粮食，并且还要防止垄断和价格猛涨的危险。它们采取了两个措施以保证市民有可能得到丰富而廉价的粮食。一个措施是交易公开，另一个措施是对中间人(商品通过他们从生产者手里转到消费者手里)进行压制，其目的在于使乡村的卖主与城市的买主，都在普遍的管理之下直接交易。不幸，自12世纪以来所颁布的法令与布告，保存下来的很少。13世纪以后的资料包括了许多明确详细的规定，使人们明显地看出为达到管制粮食进口所采取的措施：禁止预先囤购粮食(即禁止在农民尚未到达城市以前就向他们收购粮食)；所有的商品必须直接送到市场，陈列一定的时期，在这个时期内只能出售给市民；屠户不得窖藏肉类；面包师不得购买超过他的炉灶所需要的谷物；市民不得购买超过他本人及其家庭所需要的东西。对于粮食价格人为的上涨，有最详细的防止办法。往往规定了最高价格，面包的重量必须与麦子的价格相称。市政公会的官吏受托维持市场的秩序，他们的人数日益增加。市民被保护而不受欺骗、投机和垄断的残害。所有的商品都经过小心的检验，凡是质量不好或是公文中所称的不“忠实”的商品，都被没收或销毁，此外还要对有关的人进行处罚，这种处罚往往演变到驱逐出境。

所有这些规定(可以无限地增加)，显然都为管理精神和替消费者利益着想的直接交易原则所支配。[4]这个原则是如此频繁而多样地被表现出来，以致有些作者不无夸张地把它看作是城市经济的主要特点。但是，毋庸置疑的是，这项原则被广泛地应用来实现市民的“共同福利”，而“共同福利”正是它追求的目标，且亦因此而采取了最适宜的措施。个人自由被无情地剥夺了。粮食出售的规则与下述小规模工业的管理规则是同样专断的，宗教裁判式的。

不应该以为城市的食物只是由附近乡村供应的，商业也尽了它的作用。大城市(居民达20 000人以上的就可以列为大城市)消费的粮食有很大一部分是依靠商业运来的。1297年吉依·德·邓皮埃尔说：“如果没有外来的粮食，法兰德斯是不能自给的。”[5]他确是这样想的。至于其他城市，还有许多商品更需要从国外输入，例如香料，或内陆国家的咸水鱼，或北方的酒类。这些商品的输入，如果没有商人的参与是不行的，他们从集市或产地批购商品。在歉收或饥荒时期，由于商人输入了商品，才使失去邻近地区供应的城市能够供养它的居民。这种输入贸易不受上述规则的约束，因此该规则不能视为包括了整个城市经济。这些规则是为它所能控制的市区市场而订立的，因为市区市场在市区以内活动，而大规模商业则不受市区的限制。这些规则用来防止面包师秘密囤积几袋麦子企图高价出售，搜索“囤积居奇者”或防止中间人与农民实施阴谋诡计，都是十分有效的。可是，它们被用来对付在城市码头上起卸若干船麦子、干酪或若干桶酒等货品的批发商，就无能为力了。在这种情况下，它们对于价格能起什么作用呢？又怎能使批发贸易去服从零售贸易的制度呢？在这里，这些规则所面临的经济现象是它们所不能适应的。当资本一旦发生作用时，它就破坏了市区的规则，因为它超越了市区的范围。城市政府所能做的事，只是帮助市民分享输入商的一部分利益，使市民向输入商提供的服务能得到酬报。诚然，作为一个外来的商人，必须求助于当地的居民，通过当地的代理人同不熟悉的人们做买卖。

最初，无疑地，商人以寄寓处的主人作为向导与助理。经纪人的出现必然与这种习惯有关。偶然的事例变成了法律上的义务，商人发现，与市民进行一切交易都必须通过正式经纪人作为媒介。正像在其他一些事情上一样，威尼斯在这件事情上也树立了榜样。从 12 世纪起，威尼斯就有了真正的经纪人，叫做“中间人”，这是从拜占庭借用来的词语。13 世纪时，到处都有这样的经纪人，在法兰德斯称为 makelaren，在德国称为 unterkaüfe，在英格兰称为 broker。[6] 有时，他们保持着最初的称呼：“旅馆主人”。在每一个城市里，经纪人享受着很大的经营权利，所以他们中许多人都积聚了巨大的财富，并在市民中占据着很高的地位。

作为对外来资本家的另一个预防措施，城市排斥外来资本家插足零售贸易。零售贸易仍然为市民牢固地垄断着，这是他们留给自己的地盘，排斥任何竞争。因此，市政立法规定不许从事零售贸易的中间人从事大规模的贸易。这个似乎自相矛盾的现象，可从市民的利益中得到解释。虽然这种办法造成了输入品的价格上涨，但是它鼓励了地方贸易。不用说，经纪人的参与以及零售的禁止是对“外来人”而言的，本城的大商人不受此限。

二、城市工业[7]

上述城市粮食供应领域里的各项特征，也出现在工业组织中，只是形式更加多样化，更为独特。在工业方面，管理制度也因批发与零售而有所不同。为地方市场需要而工作的工匠和为输出品而工作的工匠，待遇不同。我们首先分析为地方市场需要而工作的工匠。

无论大小城市，都有若干与其规模相适应的各行各业的工匠，因为城市居民不能没有制造品。虽然奢侈品的工艺只存在于大的人口集中区，可是日常生活所需要的工匠，例如面包师、屠户、裁缝、铁匠、细木工、陶器匠、锡蜡器制造匠等，则到处都有他们的踪迹。正像中世纪农业时期每一个大庄园必须生产各类谷物一样，每一个城市也必须供应它的居民以及近郊居民的日常用品。城市向供应它粮食的地区提供工业品，作为交换，以粮食供应城市的农民得到了工业品。因此，城市小作坊的主顾，既有城内的市民，又有附近的乡村居民。

工业的立法当然比粮食的立法更为复杂。粮食的立法只要考虑到市民是消费者即可，而工业的立法，必须同时把市民看作是生产者。因此必须建立一种制度，既能保障制造并出售手工业品的工匠，又能保障购买手工业品的顾客。在所有的国家里，都通过一个组织来保障这一任务的执行。尽管各地在具体细节上有所差异，但原则是共同的，那就是同业行会。同业行会具有各种不同的名称，拉丁语为 officium，ministerium，法语为 métier jurande，意大利语为 arte，尼德兰语为 ambacht，neering，德语为 zunft，Handwerk，英语为 craft-gild，mistery。它的本质在各处都是一样的，因为它所满足的基本要求都相同。在同业行会这个组织中，城市经济具有最普遍、最突出的表现。

直到现在，同业行会的起源始终是一个有争议的问题。最初，人们根据19世纪初年学者们的习惯，从罗马帝国时代工匠组成的“行会”与“工艺”这种字样里去找寻同业行会的起源。人们假定，经过日耳曼人的入侵，“工艺行会”残存下来了，而12世纪的经济复兴又使它们重新复活了。但是，阿尔卑斯山以北并没有这种复活的证据，而自9世纪以来城市生活的绝灭则与这种假设完全矛盾。只是在中世纪早期拜占庭统治下的意大利若干地区，才有一些迹象说明古代的“行会”还有某种程度的保存。但是，这个现象过于地方化，它的重要性过小，不足以说明像同业行会这样普遍的机构的起源。

把同业行会的起源归之于庄园的企图，也没有成功。不错，我们发现在加罗林时代及其后时期，在一些大庄园的中心，有很多行业的工匠是从领主的农奴中征募来的。他们在监工的监视下为领主服务。[8]不幸，没有人能够证明，在城市形成时期这些庄园内的工匠有权为公众工作，也不能证明自由人加入了工匠的行列，或是这些本来是奴隶的集团变成了自治的组织。

现代大多数学者都很恰当地认为自由组合是这个问题比较适合的答案。从11世纪末叶起，我们确实发现城市的工匠是根据他们的职业而组成兄弟会的。这种组织大概是模仿商人公会与教会及寺院组成的宗教团体。早期的工匠团体，事实上是以它们的虔诚和慷慨好施为特征的，不过，它们同时一定也满足了经济保护的需要。团结互助以抵抗新来者，这种迫切的需要在工业一开始的时期就感到了。

尽管团体十分重要，但是单凭团体不能形成同业行会，公共权力或政府当局也起了很大的作用。支配罗马帝国整个经济立法的那种管制的性质，并没有随着罗马帝国的衰亡而消失。即使在中世纪农业时期，从国王与封建当局对度量衡、货币铸造、赋税与市场所握有的控制权上，也看得出罗马帝国经济立法的那种管制性质。当工匠们开始移入新兴城市的时候，在新兴城市里已经设立了守城官或市长，他们当然要求工匠们服从他们的权力。我们完全知道，从11世纪上半叶起，城市市政当局对于商品的销售乃至若干行业是握有一定的控制权的。在主教驻节的城市里，主教们还要关心天主教道德原则的确立。主教们规定贩卖者应遵守公道价格，破坏规则就要遭惩戒，像犯了罪一样。

在城市组织形成的时期，这种早期的工业管理即逐渐为市政当局所吸收而完善，这是不可避免的。在法兰德斯，从12世纪后半叶起，市参事会所颁布的条例不仅涉及粮食，也涉及一切别的商品(面包与酒以及其他商品)，最后也涉及工业产品。显然，此时要实行有关生产品的法律而不把生产者包括进去，已经是办不到的事情了。因为要保证生产品质量的唯一方法，就是监督生产者，而监督生产者最有效的方法就是根据行业把工匠们组成团体，使它们服从市政当局的管理。这样，工匠们组成团体的自发趋向，又因行政管理方面的关心而加强。也许可以说，到了12世纪中叶，城市工匠分别组成的职业团体，由地方当局所承认或由地方当局所设立，在许多城市里已经是既存的事实了。在这个时期，在不重要的城市里已经出现了同业行会(例如蓬土瓦兹于1162年，哈革瑙于1164年，费登与斯文得拉亥姆于1164年以前)，[9]那末在一些人口集中的重要城市里，当然更有同业行会的存在了。此外，我们还掌握了一批文献，证明同业行会很早就已存在：1099年美因兹的织工，1106年沃尔姆斯的鱼商，1128年符次堡的鞋匠，1149年科隆的被单织工，都组成了正式的团体。在卢昂，12世纪初年，制革匠组成了同业行会，从事制革业的工匠必须加入。在英国，亨利一世(1100～1135年)时期，牛津、亨廷顿、温契斯特、伦敦、林肯等地都有同业行会，并且很快就普及于所有的城市。

从这里，我们可以得出结论说，自从11世纪以后，政府当局已按照行业的不同把工匠们组成不同的团体加以监督，用这个方法实行对城市工业的管理。每一个团体都有权使它的会员从事该团体所属的行业。因此，在本质上，它们是有特权的团体，与工业的自由并无共同之处。它们建立在排他主义与保护政策之上。在英格兰，这种独占团体被称为“行会”，在德国被称为“同业公会”或“手工业公会”。

工匠们这种强制性的结合，其最初目的必然是为了他们自己的利益。如果要保护消费者不受欺骗和掺假的蒙蔽，那只需要管理工业的实施与监督贩卖就够了，而各种同业行会所享有的职业垄断，对购买者说来，却是一种危险，购买者完全受同业行会的摆布。但是，对生产者说来，同业行会免除自由竞争，给予了他们无可限量的好处。这无疑是立法当局对生产者的要求所作的一种让步。诚然，从11世纪末叶起工匠们自愿结成的团体，并没有具备禁止别人从事某项工业的合法权力。它们反对不属于同业行会的人们的唯一武器是同盟绝交，换言之，这是一个粗暴的、不可靠的、不适当的武器。因此，同业行会一定早就寻求一种权力，以强迫每一个工匠都参加同业行会的行列，否则就迫使他关店。政府当局对允许这种要求也没有什么为难，因为这对公共治安有利，并且也有助于对工业的管理。同业行会往往以担负某种捐税来报答这可贵的让步。在英国，它们为享有独占权而向王室缴纳一笔年金，在法国、德国和尼德兰的许多城市里同业行会所担负的一些捐税，也可作同样的解释。

因此，同业行会的起源，可以追溯到两个因素的作用：合法的权力与自愿结成的团体。第一个因素是为了公众，即为了消费者而加入进去的，第二个因素是由于工匠们即生产者的主动。这样，在最初，这两个因素是完全相反的两种行动，当政府正式承认工匠团体是强制性的行业联合时，这两种行动才结合起来。[10]中世纪的同业行会在本质上可以解释为一种工业公会，它根据公共权力所承认的规则而享有某项职业独占权。如果认为同业行会本来就具有自治权，那就是一种全然错误的看法。在许多大城市里，同业行会从未摆脱过市政当局的保护，而且一直成为在市政当局控制下活动的机构。[11]从这个意义上说来，德语中的“公会”(指职权)一词，很能描绘出同业行会的特征。在像纽伦堡那样的活动中心地，它们一直严格地隶属于市参议会。市参议会甚至规定，非经其许可，同业行会不得集会，并且进一步规定，它们与外埠工匠的通信需由市参议会审查。

另一方面，在西欧大多数的城市里，组织行会的倾向是十分强烈的。在尼德兰、法国北部、莱茵河沿岸、意大利，换言之，在城市生活开始最早、发展最完善的地区，工匠团体往往要求自治权。这样它们就时常与当局发生争执，而且它们自己彼此之间也常有纠纷。从13世纪上半叶起，它们开始要求自治权，要求集会讨论他们的事务，要求有使用徽章与印鉴的权利，甚至要求分享集中在富商手中的城市政权。它们的野心如此可怕，以致在1189年卢昂的工匠兄弟会被查禁，1255年迪囊也发生了同样的事情。1280年法兰德斯的多数城市及土尔内，1290年的布鲁塞尔，都有同样的事情发生。不过，这种反对并没有使它们沮丧。14世纪时期，它们终于取得了选派自己的会长和审判员的权利，并且被承认为一种与上层市民阶级分享政权的政治团体，虽然并不是所有的地方都是如此。

尽管各地的同业行会在内部自治权的限度上，在政治势力上都有所差异，但是它们的经济组织在整个欧洲却是一样的。无论在那里，它们的基本特征是相同的。中世纪城市经济的保护主义精神在这里有了最强烈的表现。它的主要目的是保护工匠既免受外来的竞争，也免受同行之间的竞争。它把城市的市场完全保留给了同业行会的工匠。它排斥外来的产品，同时又监视不使同行的会员因损害别人而致富。正是由于这个原故逐渐形成的许多详细规定，成为对一切会员都严格适用的管理技术，例如规定工作时间，规定价格和工资，禁止任何种类的广告，决定每一个作坊中的工具数量和工人数目，指派监督者进行最细致、最严格的监督。总而言之，它力求保证对每一个会员的保护，并且尽可能做到完全平等。这样，它的结果就是用全体一致的严格服从来保证每个人的独立。同业行会的特权与垄断所造成的反面结果，就是一切创造性的毁灭。任何人不得用比别人生产得更多与更廉价的方法来“损害”别人。技术进步则意味着不忠不义。在没有变化的工业中一切按陈规不动，这就是当时的理想。

工匠们必须服从的纪律，当然以保证产品具有无可挑剔的质量为目的。在这个意义上，这种纪律对消费者是有利的。城市严格的管理，使对产品的草率加工成为不可能，或者至少使工业中的作弊如同粮食中的掺假一样地困难和危险。对于欺诈以及疏忽所施惩罚的严峻是令人惊异的。工匠不但要服从监督者的经常监视(他们有权不分昼夜进入工匠的作坊进行监视)，还要服从公众的监视，为了使公众便于监视，工匠奉命必须在窗前工作。

每一个行会的会员分为互相隶属的若干等级：行东、学徒、帮工。行东是支配的阶级，管理学徒和帮工。他是小作坊的所有者，占有原料和工具。因此，制成的货品和出售货品所得的利润都属于他。学徒是在行东指导之下参加行业的，因为要加入某个行业，必须先对它熟悉精通。帮工是领取工资的工人，他们的学徒期已满，但是还没有升到行东的地位。行东的数目，事实上是有限制的，受地方市场需要的支配。行东资格的取得颇为不易，因为它要服从一些条件，例如入会费、合法的出身、享有城市的自由。每一个作坊的顾客都只限于城市及其近郊的居民。每一个作坊就是一个商店，在那里顾客与生产者直接见面。在这种商店里，正像粮食的零售业一样，中间人的地位降到了适当的程度。

因此，行东工匠是一个道地的独立的小企业主。他的唯一资本，就是他的房屋和若干必需的工具。因受规章的严格限制，他的雇员只有一两名学徒和帮工。如果一个行东侥幸由于婚姻或遗产而得到一笔优于其同业者的财产，他仍旧不能扩大营业资本，以防有损于他人，因为当时的工业制度中是不容许竞争存在的。不过，在小市民阶级中，财产的不平等是不多见的。因为对他们说来，这种经济组织就意味着同样的生存、同样适度的资财。这种经济组织使他们获有稳固的地位，并且防止他们超越这个地位。事实上，它可以被称为是一种“非资本主义”的制度。

但是，城市工业并非到处都是一样的。在许多城市里，而且恰巧就在那些最发达的城市里，除了依赖地方市场为生的工匠企业主以外，还有一个为输出而工作的完全不同的集团。他们不是只为城市及其近郊有限的顾客的需要而生产的，他们是那些经营国际贸易的批发商的供应者。他们从批发商那里得到原料，为批发商工作，把制成品交给批发商。就他们与雇主的关系而论，他们不过是工资收入者。卢加的丝织工人[12]，迪囊的铜匠，根特、伊泊尔、杜埃、布鲁塞尔、鲁文和佛罗伦萨——呢绒业这个中世纪最优越的“大”工业中心地，其织工、漂工和染工都处于这种地位。诚然，所有这些工人也分成若干个同业行会，正和别的工匠一样。不过，如果说这两种团体的形态是一样的，那它们的会员的地位却十分不同。在从事地方工业的同业行会中，如面包师、铁匠、鞋匠等行会中，工具、作坊和原料都属于工匠自己，成品也是他的，由他直接出售给顾客。而在大工业中，情况则相反，资本与劳动力是分开的。工人与市场远远地分开，只知道从他的企业主手中支取工资。他的劳动果实由企业主代为处理，辗转经过若干人的手以后，最后才在利凡特的诸港埠或诺夫哥罗德的市场上出售。历史学家十分强调的作为城市经济基本特征的直接交易，在这里是不存在的。

在数量上，输出业的工人与小城市的行会工人也呈现着强烈的对比。为国际商业所培植起来的日益发展的市场，需要日益增多的工人。14 世纪中叶，根特的织工有 4 000 多名，漂工 1 200 多名，如果考虑到根特的总人口决没有超过 50 000 人，就可以看出上述工人数目的庞大。中世纪城市中常见的各种行业间的均衡在这里完全被破坏了，仅是发展其中的一个行业，这个情况就与我们现代的制造业中心相同。一个简单的事实就可以作为证明。在伊泊尔，1431 年，即当呢绒业迅速下降的时期，伊泊尔的呢绒业在各行业总和中仍占了 51.6%。而在同一时期，美茵河畔的法兰克福这个地方工业城市里，呢绒工人只占 16%。

大的工业城市的工人群众，受着危机与停工的威胁。若遇战争或禁止输入时，原料来源中断，织机停止工作，失业队伍便徘徊街头，或在乡下漂流乞食。除了这些无可避免的灾难时期外，行东、所有主、作坊租佃者的生活是比较满意的。但是受雇于他们的帮工，生活就大不相同了。大部分帮工寄居在按星期计算的街巷租赁房屋中，除了身上穿的以外，一无所有。他们从这一个城市到另一个城市，受雇于雇主。每逢星期一早上，他们就聚集在广场或教堂前面，急切地等待行东来雇用他们做一个星期的工。工作日是从黎明直到夜晚。星期六晚上付工资。虽然市区规定以现金付工资，但是实物工资的弊端还很流行。这样，大工业的工人形成了一个阶级，有别于其他的工匠而与现代的无产阶级十分相似。他们的“蓝指甲”、他们的服装和他们粗野的态度，使人一望即知。行东肆无忌惮地苛待他们，因为行东知道，一旦他们被赶掉，马上就有新的人来补缺。因此，从 13 世纪中叶起，帮工就组织了罢工，这是不足为奇的。我们所知道的最早的罢工是 1245 年发生于杜埃，称为 takθhan。[13] 1274 年，根特的织工与漂工竟全体离开根特往布腊班特去，而布腊班特的参议会及时受到警告，拒绝雇用他们。[14] 尼德兰从 1245 年起，城市同盟开始形成，其目的是要引渡逃亡的工人、嫌疑犯和谋叛者。每一个反抗的尝试，都会受到驱逐或死刑的惩处。

输出业工人与现代的工资收入者有一个主要的不同。他们不是集中于大工厂，而是分散在若干小作坊内，上升为行东的织工或漂工，他们是自己所使用的工具的主人或租用人。他们是一种家庭工人，为大商业资本家服务。市政当局对工业的管理，对工人的保护作用很小，因为权力集中在上层市民阶级手中，而市政当局就是由资本家组成的。略一检视杜埃的富裕的布商布瓦纳布鲁克(死于 1285 年或 1286 年)的遗产，[15] 就可以看出 14 世纪初叶前大工业中工匠们被剥削的程度。行东受委托他们加工的雇主的压榨，他们转而又压榨学徒与帮工。资本的优势——正是由于它，城市经济才解放了小的同业行会——在其所支配的批发贸易中，将其全部重量压在了为批发业而生产的人们身上。

注　释：

［1］书目提要：艾斯皮纳：《杜埃的城市生活》，四卷本，巴黎，1913 年版。翁格尔：《中世纪荷兰城市的粮食供应》，阿姆斯特丹，1906 年版。狄伦：《中世纪城市的性质》，阿姆斯特丹，1914 年版。桑德：《1431～1440 年德国中央直辖市纽伦堡的经济》，两卷本，莱比锡，1902 年版。毕歇尔：《14～15 世纪美茵河畔法兰克福的人口》，提宾根，1886 年版。耶斯特罗：《中世纪末期德国城市的人口》，柏林，1886 年版。皮朗：《15 世纪伊泊尔市人口的衰减》（《社会经济史季刊》，1903 年第 1 卷）。居佛利埃：《14～16 世纪布腊班特户口调查》，布鲁塞尔，1912 年版。巴尔狄：《佛罗伦萨人口史大纲》（见《意大利历史档案》，1915 年）。前引库利希：《中世纪的商人与放款者》，第 1 卷，第 164～165 页的书目，并参考第二章书目提要。

［2］艾斯皮纳和皮朗：《法兰德斯呢绒工业史有关文献汇编》，第 2 卷，第 637 页。

［3］根据戴维逊：《佛罗伦萨史研究》，第 2 卷，第 2 部，第 171 页的材料，1280 年，佛罗伦萨的居民为 45 000 人，1339 年约为 90 000 人。又据弗·洛《教区与居民情况》，第 300 页所载，14 世纪初年，法国的城市，除了巴黎以外，人口均未达到 100 000 人。至于巴黎，如果 61 000 户的统计是正确的，那末它的人口应为 200 000 人左右。

［4］当然，经营食物、消费品的零售商，人数相当众多。直接交易是一个原则，它的应用有许多例外。参考曼德尔的研究著作：《15 世纪初年的弗劳兹瓦夫》（《西里西亚历史协会杂志》，1929 年）。

［5］皮朗：《比利时史》，第 1 卷，第 5 版，第 263 页。

［6］戈尔德施密特：《商法通史》，第 230 页以下。

［7］书目提要：哈特曼：《中世纪早期的同业行会》（《社会经济史季刊》，1896 年第 3 卷）。艾伯斯塔特：《同业行会制度的起源》，莱比锡，1915 年，第 2 版。贝洛：《手工艺与田庄习惯法》（《社会经济史季刊》，1914 年第 12 卷）。库特根：《公会与同业行会》，耶拿，1903 年版。西里革：《手工艺与田庄习惯法》（《历史季刊》，1913 年第 16 卷）。前引库利希：《中世纪的商人与放款者》，第 1 卷，第 165 页。马列兹：《合作组织的第一阶段》（《比利时王家学院人文学公报》，1920 年）。马丁·圣列昂：《商业行会史》，巴黎，1927 年，第 3 版。法尼埃：《13 世纪至 14 世纪巴黎工业与工业阶级研究》，巴黎，1877 年版。布瓦索纳德：《波瓦图劳工组织研究》，巴黎，1899 年版。马列兹：《15 世纪布鲁塞尔劳工组织研究》（《比利时科学院备忘录》，布鲁塞尔，1904 年版）。前引里普逊：《英格兰经济史》，第 8 页。杜伦：《14 至 15 世纪佛罗伦萨同业行会制度》，斯图加特—柏林，1908 年版；《佛罗伦萨的羊毛工业》，斯图加特，1901 年版。洛多甘那奇：《罗马的手工业行会》，两卷本，巴黎，1894 年版。皮朗：《荷兰早期的民主制》，第 33 页，注 1。艾斯皮纳和皮朗：《法兰德斯呢绒工业史有关文献汇编》，四卷本，布鲁塞尔，1906～1924 年版。艾斯皮纳：《资本主义起源》，第 1 卷，《布瓦纳布洛克爵士》，里尔，1930 年版。艾斯皮纳：《中世纪法兰德斯法国人的呢绒工业》，巴黎，1926 年版。库尔纳特：《往时的一个工业中心，15～18 世纪翁虚特地方的丝绸业》，巴黎，1930 年版；《贝格—圣—维诺克地方的呢绒工业》，巴黎，1930 年版。波图摩斯：《莱德地方的纺织工业史》，第 1 卷，海牙，1908 年版。布洛吉里奥·达亚诺：《至中世纪末叶止威尼斯的丝织工业及其出口组织》，斯图加特，1893 年版。味吉：《同业行会作为集体经济的所有者》，斯图加特，1932 年版。罗利格：《中世纪的经济》，耶拿，1933 年版。

［8］参考本书第三章。

［9］库特根：《都市宪法史有关文件》，柏林，1899 年版，第 136 页，第 23 段。

［10］埃基痕·波阿洛这样解释他搜集巴黎行会规章的动机："因为我看到在我们的时代在巴黎有如此多的争执与纠纷都是由于不正当的忌妒（此乃纷争之母）以及歪邪的欲念（此能自致毁灭），是由于外邦人与本城人中有许多青年与无知之辈没有头脑，他们什么行业也不干不练，因此在外邦人间就发生出售的东西不好也不合于应守的法律……。"（艾顿·布瓦洛：《手工业清册》，载浜编，巴黎，1837 年版，第 1 页）

［11］有关例证参见比约：《同业行会：14、15、16 世纪普罗凡斯的工业阶级》（马赛，1929 年版）。工业是城市"参事"监督较少的一个行业。

［12］关于卢加工业的资本主义性质，埃德勒正在编撰一份材料，其结论已发表于《芝加哥大学论文摘要：人文学丛刊》（1929～1930 年，第 8 卷。供内部传阅）。关于迪

囊的工业，参考皮朗：《14～15 世纪迪囊的铜匠商人》（《社会经济史季刊》，1904 年第 2 卷，第 442 页以下）。

［13］艾斯皮纳和皮朗：《法兰德斯呢绒工业史有关文献汇编》，第 2 卷，第 22 页。

［14］同上书，第 379 页以下。

［15］艾斯皮纳：《资本主义的起源。布瓦纳布鲁克爵士，杜埃的贵族和呢绒商》，里尔，1933 年版。

第七章

14、15 世纪的经济变革

一、 灾难与社会的不安[1]

15 世纪初期可以被认为是中世纪经济扩展时期的终结。 直到这时为止，每一个领域都在不断地进步。 乡村阶级的逐渐被解放，与未耕地或荒地的开垦和排灌、人口移殖以及日耳曼人在易北河以东的殖民齐头并进。 工商业的发展完全改变了社会的面貌乃至社会生活本身。 当地中海与黑海、北方与波罗的海各为一方都成了大商业舞台的时候，在它们的沿岸及其岛屿产生了许多港口与商埠。 这时，欧洲大陆也遍布着城市，新兴中产阶级就以城市为中心向各方面开展活动。 在这种新生活的影响下，货币的流通臻于完善，各种新的信用形式应运而生，而信用的发展则刺激了资本的发展。 最后，人口的增长，就是社会的健康与朝气的可靠标记。[2]

14 世纪初年，在以上各方面呈现出的或者不是一种衰退，而是一切进步的停滞。 也许可以说，欧洲是依赖其过去所获得的东西而生活的，经济的前线已经稳定了。 不错，一些还没有受商业运动影响的国家，例如波兰，尤其是波希米亚，正在这时开始积极地参加这种运动，但是它们的迟缓的觉醒，并没有产生足够重要的结果，以使整个西欧受到任何显而易见的影响。如果我们单就西欧而论，显然，西欧已经进入了一个保守的时期，而不是一个创造的时期。社会的不满，一方面表示了一种欲望，要求对不再完全适应人们需要的情况进行改革，另方面也表示了对这种改革的无力进行。对外贸易的范围不再扩大，就是经济发展中断的一个证据。直到 15 世纪中叶伟大的地理发现以前，对外贸易的范围，在南方从未超出意大利人所达到的极限，在北方从未超出汉撒同盟所达到的极限。换言之，一方面从未超过爱琴海与黑海，另方面从未超过诺夫哥罗德的俄罗斯集市。贸易当然仍旧十分活跃。在若干方面讲来，甚至可以说是发展了。事实上，从 1314 年起，热那亚、威尼斯与布鲁日、伦敦的航运通过直布罗陀海峡已经开始建立了。1380 年，汉撒同盟打败了丹麦的窝得麦，似乎完全控制了波罗的海。但是，事实上，它们仍然依赖过去而生活，并没有企图前进。大陆上的情况也是如此。日耳曼人东向的殖民，在立陶宛与拉脱维亚的边境上停止了，仿佛已精疲力竭。在波希米亚、波兰、匈牙利，日耳曼人再也没有什么进展。在法兰德斯与布腊班特，呢绒业仍旧保持着传统的繁荣，但是没有更进一步的发展，到 15 世纪中叶就迅速地衰落了。在意大利，曾经长期支配货币贸易的大银行，大多数在一连串惊人的破产中倒闭：1327 年斯喀利倒闭，1341 年波那柯尔西、攸萨尼、柯西尼及其他许多银行倒闭，1343 年巴尔蒂、帕鲁齐、阿西亚乔里几家银行倒闭。香槟集市于 15 世纪初开始衰落。[3] 人口也是在这个时期停止了增长。这是社会稳定和进化到最大限度的重要标志。[4]

应该很公正地指出，14 世纪没有继续进步，频繁发生的灾难对此应负很大的责任。1315 年到 1317 年，使欧洲陷入一片荒凉的饥馑，似乎比以往任何饥馑所造成的灾害都更大。偶然保存下来的伊泊尔的有关数字，足以使我们估计灾荒的程度。从 1316 年 5 月起到 10 月中旬，伊泊尔市政府下令掩埋了 2 794 具尸体。如果考虑到当时伊泊尔的居民也许不超过 20 000 人，就知道这是一个庞大惊人的数字。 3 年以后，当欧洲遭受的第一次打击尚未复原时，发生了一个新的、更加恐怖的灾难，那就是黑死病。 在历史上有记载的瘟疫中，黑死病无疑是最可怕的一种。 据估计，从 1347 年到 1350 年，欧洲约有 1/3 的人口死于这场瘟疫。 继黑死病而起的，是长时期的物价高涨，其结果容后列述。[5]

除了这些自然灾难以外，还有同样残忍的政治灾难。 在 14 世纪整个时期，意大利为内部斗争所蹂躏。 德意志是长期政治混乱的牺牲者。 最后，百年战争毁坏了法国并使英国精疲力竭。 这一切对于经济生活都有极大的影响。 消费者的数目减少了，市场失去了它的一部分吸引力。

这些不幸，无疑地加重了社会困苦，这使 14 世纪与 13 世纪形成了强烈的对比。 不过，社会困苦的主要原因应该从经济组织本身来探讨，这种经济组织已发展到了这样一种程度，它的活动已经引起城乡人民的不满。

尽管农民的解放普遍地发生于 13 世纪，但是仍旧留下了农奴制度的深刻痕迹。 在许多国家里，劳役继续沉重地压在农民的身上。 庄园制度的消逝使农民受到更大的痛苦，因为领主不再认为自己是领地上农民的保护者。 就其与佃农的关系而言，他的地位不再是一个世袭的部落酋长——其权威由于族长的性质而为人们所接受。 他变成了地主和租税收纳者。[6] 由于过去大地产上的荒地都已占用，新的市镇不再建立，因而给予农民以自由的那种刺激不复存在了。 农奴解放对领主并无利益，因为领主将要失去对农奴继续榨取的租税与劳役。 对货币的需要无疑往往迫使领主以高价出卖解放特许证，甚至以一部分公地的让与作为报酬而解放整个村庄。 不过，现在事实是这样：垦殖时期过去了，农民已不再有向处女地移殖以改善生活的希望。 农奴制度在它残存的地方，已经成为最可厌的东西，因为它现在是一种例外，具有不名誉的形象。 自由的耕作者对庄园法庭的裁判权也表示了不能忍受。 他们根据这种裁判而保有佃耕地，也由于这种裁判仍然受着地主的经济剥削，因为他们曾经是属于领主的人。在 13 世纪中，由于僧侣们丧失了他们早期的热忱及随之而来的威信，什一税变成了人们最不愿意缴纳的捐税。设立在领主保有地上的大农场，对于村民是沉重的负担。这种农场要求以大部分的公地作为畜群的牧放地，牺牲村民的利益来圈划它的边界。这种侵占是轻而易举的，因为这些公地往往掌握在领主的管家或执事的手中，这样，领主就可以强迫一部分居民充当他的农业劳动者。除了这些不安定的原因以外，还有频繁的战争所造成的灾难，尤其是百年战争，在这期间，雇佣兵退役以后继续由国家供养。百年战争使法国的许多地区变成了“不再听得见雄鸡喔喔、母鸡咯咯”的荒原。[7]

这种荒废的确是法国特有的现象。如果说欧洲其他地区农民的情况在 14 世纪中变得更坏，那无疑是不正确的。社会的不满，虽然例证很多，但是不能到处都用同样的方法来解释。有些不满是因为过度的穷困而引起的，也有些是因为企图结束最可恶的情况而引起的，因为人们相信自己有力量改变它。如果说，1357 年弗朗斯岛的扎克雷叛乱是由于居民的极端穷困以及他们对这种贫困的造成者——贵族的仇恨所造成的话，那么，1323 年到 1328 年西法兰德斯的暴动与 1381 年英格兰的叛乱，就完全是另外一回事了。

西法兰德斯暴动的持久，充分证明它不是贫苦而软弱的群众的作为。事实上，这是一种真正的社会革命的企图，其矛头指向贵族，要从贵族手中夺取法律与经济权力。以库尔特累战役为开端的战争开始以后，法国国王以巨大的罚金加在法兰德斯人身上，贵族们为缴付此项罚金而残酷地勒索赋税，因而触发了叛乱。这次暴动很快就转变为反对现存秩序的公开叛乱。它已不再是一个结束弊端的问题。这个地区的倔强农民，是在 12、13 世纪中把沼泽变为耕地的客籍民的子孙。他们的独立精神在斗争中发展到这样的程度，以致把富人甚至把教会都看作是天生的仇敌。依赖土地收入为生的人足以遭忌。[8]村民们拒绝缴纳什一税，并且要求寺院把谷物分配给人民。僧侣们未能逃避激动的群众的阶级仇恨。正如一个叛乱领袖所宣称的，他愿意看见最后一个僧侣被吊死在绞刑架上。由于极端残忍，贵族与富人被迫当众将他们的亲属处死。无论是扎克雷暴动或是1381年英格兰的叛乱，都没有那种使西法兰德斯陷入恐怖之域的暴烈行为。有一个同时代的人说："暴乱的灾祸达到了这种程度，致使人们不想活下去了"。叛乱者"像失去知觉与理性的野兽一般"威胁着要推翻当时的社会秩序。为了镇压这些叛乱者，法国国王只得亲自出马。农民们满怀信心，勇敢地向前迎战，并在加塞尔山坡与国王交锋(1228年8月23日)。这是一场短促而残酷的战役。骑士们无情地屠杀那些置身于法外、敢于抗拒他们的暴民。国王拒绝了贵族的建议，他们怂恿国王把法兰德斯沿海夷为平地，把男女老幼斩尽杀绝。国王只满足于没收那些曾反抗他的叛徒的财产。这次社会暴乱，取得了片刻的胜利就被扑灭了。事实上，这次暴乱的剧烈趋势，只是一种由环境所引发的极端不满的瞬间爆发。叛乱的顽强与持久，从伊泊尔与布鲁日的工匠们鼓动与支持叛乱的事实中可以得到部分的解释。他们与叛乱者携手，短时间内给乡村阶级打上了城市革命精神的烙印。

1381年发生于英格兰的叛乱，与西法兰德斯一样，也是城市居民与乡村居民的共同行为，而且也可以被认为是劳动者与依赖他们的劳动为生的人之间一种对立感觉的强烈而短暂的表现。英格兰的暴动与法兰德斯的叛乱一样，不完全是起因于乡村阶级的穷困。它与扎克雷叛乱没有共同之处。13世纪时，随着货币地租逐渐代替劳役，英格兰农民的状况不断地改善。不过，在所有庄园里，却在不同程度上保存了明显的农奴制残余。黑死病过去以后，物价上涨和工资提高改善了维兰的地位，他们对于残存的农奴制更感到不能容忍。没有任何证据足以说明他们的叛乱是由于地主企图增加租税和劳役而引起的。看起来，叛乱的造成，宁可说是为了人民的利益而企图摆脱残存的庄园制度的一种尝试。也许罗亚尔派的神秘主义助长了他们对绅士的仇恨，在"亚当耕种，夏娃织布的时代”是没有“绅士”的。正与50年以前法兰德斯的叛乱一样，叛乱者的思想里有一种模糊的共产的愿望，因而使暴动具有反对社会秩序的运动的外貌。不过，暴动所展开的恐怖是短暂的。农民与保守主义力量的悬殊太大了。农民们在渴望复仇与对乌托邦的希冀中，培植起一个建筑在正义与平等基础上的永久的幻想世界。几个月以后，秩序恢复了。国王的出面与骑士们的武装行动，足以终止这种与其说危险，不如说喧闹的状态。

14世纪的乡村叛乱，的确具有农民的残忍性的形象。单靠自己，农民是不能取胜的。虽然农业阶级构成了社会的绝大部分，但他们没有能力在共同行动中团结一致，更没有创造新世界的思想。从一切方面来说，这些暴动都是地方性的、短暂的暴乱，是没有前途的愤怒的迸发。尽管耕种土地的农民与土地占有的贵族之间的经济对立，像工人与城市资本家之间的经济对立一样真实，但是，由于乡村生活的条件使农民与他耕种的土地发生种种联系，使他比大工业中的工资收入者具有较大程度的个人独立，因此，农民与占有土地的贵族之间的经济对立感比较薄弱。所以，14世纪城市骚乱的剧烈、持久及其后果与乡村人民的暴动有显著的差别，这是不足为奇的。

在整个西欧，上层市民阶级一开始就垄断了城市政府。我们前面说过，城市生活的主要基础是工商业，凡是促进了工商业的人，无可置疑地要支配城市生活，这个现象是势所必然的。因此，在12、13世纪时，从最著名的商人中产生了贵族政治到处控制着的城市政府。这是名副其实的阶级政府，在很长的时期中，这种政府具有阶级的一切特征、能力、敏感以及对公共利益的忠诚。这种公共利益与他们的私人利益是吻合的，并且是他们私人利益的主要保障。它所完成的工作是它成绩的高度见证。在它的管理之下，城市文明开始具有稳定的特征。它创造了全套的城市行政机构，组织了各项城市服务，建立了城市财政与信用，建立并组织了市场，筹募了必要的款项以建造坚固的城墙并开设学校。总而言之，它满足了市民阶级的一切需要。不过，这个制度的流弊也逐渐显露出来，它把大工业的管理委托给了那些恰恰依赖工业利润为生的人，这必然导致把工人的所得减至最低限度。

我们已经看出，在中世纪最大的制造业城市中，即在法兰德斯的城市中，呢绒工人已经开始表现出对贵族参事会的仇视。[9] 罢工的爆发就是明证。除了呢绒工人的不满以外，还有人数日益增长的小康市民阶级的不满。因为在那个时期，许多城市的贵族统治已经形成为一种豪富的寡头政治，满怀妒忌地阻止那些非出身于少数豪门的人享有权力，而且日益明显地为他们的私利行使政权。因此，一种反对城市政府的反抗力量产生了，这种反抗力量是社会的，又是政治的。社会的对抗力量显然最为强烈，它发出了一直延续到 15 世纪的、有着许多流血事件的斗争的信号。

人们往往把同业行会反抗贵族统治的斗争称为“民主革命”。如果就“民主”的现代意义来说，这个名词的用法并不确切。那些不满的人是无意建立民众政府的。他们的眼界受着城墙的限制，局限于他们的同业行会。虽然每一个同业行会都要求一部分权力，但是它并不关心它的邻居，它的行动为自我主义所束缚了。当然，有时，同一城市的公会会联合起来对抗共同的敌人——参事会的寡头政治，但是在胜利以后，就往往发生冲突。不应该忘记，这些自命为“民主主义”的人，都是享有巨大独占权的工业集团的成员。他们所了解的民主，不过是特权者所享有的民主。

并不是所有的城市都因为行会的要求而造成骚乱的。威尼斯、汉撒诸城市、英格兰诸城市都没有任何骚乱的迹象，其原因无疑是这些地方的上层市民阶级的政府，并没有堕落为一个闭关自守的自私自利的寡头政治。由经商而致富的新人物，不断地使统治阶级获得新的力量。这就解释了为什么这些地方的贵族能够利用对商业与市政的双重控制，成功地保持了他们对所有的人的权力。在若干世纪中，威尼斯的贵族树立了爱国、能干与有技术这些高尚美德的楷模，他们为共和国所争取的繁荣，照耀在所有人的身上，以至于人们从来没有梦想过要推翻他们的束缚。汉撒诸城市贵族统治的维系，可能也出于同样的原因。在英格兰，王室对城市的控制十分牢固，必要时足以制止普通人民的反抗企图。在法国，情形也是如此，从13世纪末期起，法国城市日益隶属于王室代理人即家臣的权力之下。在其他地方，例如在布腊班特，地方诸侯充当了上层市民阶级的保护人。

尼德兰、莱茵河沿岸及意大利的大工业城市，是市区革命爆发的主要地区。在这里，我们准备概述它们的主要特征，对于那些由于环境、条件和利益不同而产生的差别，姑且从略。寡头政治的流弊是市区革命的主要原因。凡是诸侯权力过于薄弱，因而不足以禁止或控制寡头政治的地方，必然发生推翻寡头政治或至少要求分享它的权力的运动。对于这一点，无论贫富，即无论是摆脱了商业事务的商人或工匠还是在大工业中的工资劳动者，都是一致同意的。13世纪下半叶开始的这种运动，在14世纪达到了终点。这种几乎经常发展为武装斗争的骚乱，结果使“大人物”被迫以一部分市政管理权让给“小人物”。既然大多数居民都被组织在同业行会中，那么所谓改革必然是行会与政府的合作。有时，行会得到市参事会中的若干席位，有时，由行会选出一个与旧裁判团平行的新裁判团，有时，关于城市财政或政治机构的一切措施，必须经过行会在大会中代表的认可。有时，行会甚至取得了长久以来一直被贵族所排斥的全部权力。例如，1384年，列日的贵族无力继续进行持续达一个世纪之久的抵抗，终于投降了。从此以后，同业行会完全控制了列日，只有行会名册上列名的人，才享有政治权利。参事会的会员，由行会按年指派，并由它们的“总管”监督。参事会成了同业行会所操纵的机器。由参事会产生的两名市长，执行着同业行会的命令，一切重要问题均由32个行会讨论，并且逐一由多数票的表决来解决。在乌德勒支与科隆，也存在着使同业行会成为市政府的仲裁人的同样规定。

但是，有些城市并没有一种压倒其他工业而独占优势的工业，在那里发生的事情，不可能发生在有某项工业独占优势的城市中。在法兰德斯的大制造业城市里，织工与漂工行会的会员达数千名，他们占有数量上的优势，不满意分派给他们的地位，因为那种地位与由几十个会员组成的小行会的地位相同。他们渴望取得霸权，因为他们是工资劳动者，与为地方市场服务的工匠大不相同。对他们说来，贵族没落不仅是一个政治问题，而且最主要的是一个社会问题。他们期望从贵族的没落中看见自己在经济上附属地位的终止，他们希望获得规定工作条件和工资率的权力，他们希望由于职业所造成的不稳定可以结束。许多人都沉溺于混乱的平等的梦幻里，憧憬着“人人拥有同等财富”的社会。[10]于是，13 世纪末，正是他们在各个大城市里发出了暴动的信号，并且进行了声势浩大的斗争。库尔特雷胜利以后，他们获得了暂时的优势。不过，他们的统治很快引起了其他市民阶级的反对。他们与商人和工匠的利益分歧——或宁可说是矛盾——太大了，商人和工匠不能附属于呢绒工人。

大商业的资本家、经纪人、出口商与地方工业中独立的小企业主联合起来，反对这些工资收入者或无产者。为了使所有的人都满意，他们试图建立这样一个政府，在那里，由居民分别形成的各个大集团——上层市民阶级、小行会的群众、呢绒工人——都拥有一份权力。但是，利用这个方法企图达到的平衡，只是一个不稳定的平衡。在织工与漂工的眼光里，这是一个欺骗，因为与城市其他成员比较起来，他们被贬抑到了少数派的地位。他们只有依赖武力才能满足自己的要求，因此就采用了武力。在整个 14 世纪，他们经常暴动，攫取政权并不肯放弃。只是由于被封锁而遭受饥饿，或被屠杀而死亡过多时，他们才被迫屈服于敌人的联盟。

在法兰德斯的城市里，社会仇恨达到了疯狂的程度，情况的悲惨无以复加。1320～1332 年，伊泊尔的“良民”请求国王不要允许拆毁内堡，因为“良民”居住在内堡，并由内堡把他们和“平民”隔开。[11]伊泊尔的历史与根特、布鲁日的历史一样，充满了浴血的斗争，呢绒工人与“那些有东西可以损失的人”互相搏斗，这种斗争日益具有贫富间阶级斗争的外形。但是这毕竟是一个外形。暴动的工人群众并没有共同的谅解。织工要求把漂工的工资固定起来，或甚至减少漂工的工资，因此被漂工视同敌人。漂工为了逃避织工的剥削，就支持“良民”的主张。至于小的同业行会，则一致痛恨那些干扰他们工作，损害他们生意的“可恶的织工”。[12]织工的共产主义倾向使他们恐怖，如同使统治者与贵族恐怖一样。工人群众始终处于一种暴动的状态。当他们发现，尽管他们作了一切努力，甚至亲自掌握了政权，但他们的情况并没有改善时，愤激便愈来愈大。他们不了解大商业与资本主义工业的性质无可避免地促使他们陷入工资收入阶级的不稳定中，并遭受危机与停工的悲惨命运。他们认为自己是富人的牺牲者，而他们是为这些富人做工的。直到呢绒业毁灭，迫使他们到别的地方去另寻生计，他们所发动的倔强的斗争才告一段落。

法兰德斯的大制造业中心的情况，与一切出口工业支配地方工业的城市的情况基本上是一样的。在迪囊，铜匠享有的优势，与根特或伊泊尔的织工和漂工一样。佛罗伦萨曾经是银行家与布商的城市，也发生了工人群众用武力向资产阶级夺取政权的事。由呢绒工人所发动和领导的栖奥姆丕的叛乱(1379～1382年)，是这个时期北欧革命骚乱的旗号。如果说，在些耳德河及阿诺河两岸革命者企图对他们的对手建立无产阶级专政，那也不是什么夸大的话。

再者，14世纪末期，小的同业行会中也开始出现了无产阶级，虽然整个同业行会的组织，其目的是保障会员的经济独立。在行东工匠与他所雇用的学徒及帮工之间，只要学徒及帮工能够方便地升为行东，他们之间就能保持亲善。但是，自从人口增长停止，在行会必然面临生产停滞的情况下，行东资格的取得就愈来愈困难了。行东资格变成了狭隘的传家宝，并为此而采取了各种手段，例如：学徒时期延长，取得行东资格的费用提高，对“满师杰作”提出苛求，这种杰作是作为精通某个行业的证明。总而言之，每一个匠师公会已经变成了雇主的私利集团，雇主们决心要把小作坊的固定顾客遗留给他们的儿子或女婿。

因此，从14世纪中叶起，在学徒尤其是帮工中间，当他们目睹改善自己情况的希望全部落空时，便流露出一种不满情绪，这种不满情绪开始时表现为罢工，要求增加工资，最后表现为要求与行东一起管理行会。这是不奇怪的。在列日，雅克·德·昂利库尔说："在各行业集会产生执事的时候，杂务工与学徒同样有权发言，占据席位，跟行东和首脑们一般。"[13]显然，在这个时期以前，帮工一直是行东的助手，与行东共同生活，并且往往入赘为婿，继承他的产业，现在帮工则逐渐变成一个单纯的工资劳动者。同业行会现在也发生了劳资间的对抗。雇主与被雇者之间的矛盾，替代了长久以来占统治地位的家庭关系。在帮工之间，由于利益与要求的一致，不久就产生了互助、互保的组织，其范围扩展到了数个城市。这就是较早在法国、稍后在德国出现的兄弟会或工联，这是帮工们的松散组织，其目的是为会员寻找工作，保障会员不受行东的剥削。行东们用城市间的防卫手段来反击这种进攻性的组织。1383年，美茵兹、沃尔姆斯、斯丕尔、法兰克福、阿萨芬堡、宾根、奥本海姆、克罗依次纳克诸地的铁匠缔结了联盟，以反对他们行会中蠢蠢欲动的"苦工"。[14]

这样，在城市中产生了一种经济与社会的对抗，其分布之广，足以证明它的产生具有深刻而久远的原因。这种对抗虽然强烈，但是并不能够推翻现存的秩序。现存秩序的强大不是工匠与劳动者所能推翻的。城市的不满分子仅在一些个别地方吸引了乡村参加他们的运动。精神、需要、利益的种种不同，使城市与农民隔离，使事实上属于两个不同世界的人们无法达成任何谅解。因此，城市的革命尝试注定了失败的命运。教区与贵族都来援助被革命所威胁的大商人、靠租金生活者、上层市民阶级和行东工匠。15世纪时，前一个世纪所掀起的浪潮已经回落了，已经被它曾经一致反抗的各种利益集团无可避免的联合所击败了。

二、 保护主义、资本主义与重商主义[15]

同业行会支配并影响城市经济制度的时期，也正是城市保护主义发展达到顶点的时期。 各种工业集团，尽管其职业利益有所不同，却团结于一个共同的意志中，即尽量实施各自所享有的垄断权，并摧毁个人创造的一切机会和竞争的一切可能性。 因此，消费者完全为生产者而牺牲。 输出工业工人的目标在提高工资，而从事地方市场供应工作的人，他们的目标则在提高物价或至少稳定物价。 他们的视线为城墙所限，一致认为，只要利用排斥一切外来竞争这个简单的方法，就可以保证他们的繁荣。 他们的自我主义日益强烈。 每一个行业为一个特权集团所完全占有。 这种观点在中世纪同业行会中达到了极点。 在它们的眼睛里，除了它们已经取得的权利以外，没有什么别的权利，而就每一个集团而言，则私利超过共同的福利。

从各方面都找得到关于这个情况的证据。 也许最有意义的证据，是流行于各地的、对于市民资格取得的限制。 每一个城市当然希望保持它为市民所争得的利益。 这些特权愈大，市民就愈不愿意与别人分享，因此，取得公民资格时所缴付的费用也日益增加，所要求的资格也愈来愈多，例如合法的出生、出生地证明书、品行优良证件等等。 正因为如此，每一个同业行会都遵循着一种排外的政策，并且有一种日益显明的倾向，即在城墙外围创造一个工业的真空，以保持经济的优势。 它们在特权的借口下，借助暴动或通过贿赂从统治者那里取得某项权利，禁止在城市界线以外开设店铺或作坊，禁止在城市出售非当地制造的商品(定期集市时期除外)。 这些措施的严格性随着“民主”政府的成长而加强。 在根特，1297 年还准许在该市以外织成的呢绒进口，只要它们是在根特漂染的。 但是 1302 年，这项让步取消了。 从 1314 年起，在城墙外围 3 英里以内的地方禁止织造呢绒。 这并不是一种虚声恫吓。在整个14世纪，都派遣正规的武装部队到邻近的村庄，遇有织机或漂染槽，就予以破坏或带走。[16]在另一方面，每一个大的制造业城市，都雇用城郊的妇女来纺毛线，并保持她们的劳动力完全供自己使用。在佛罗伦萨，正如同在法兰德斯一样，农村妇女受雇于城市的作坊，并且按规定把她们结成的毛线送到特设的储存所。这种流行于各处的规定也许是正确的。大城市认为自己有权利禁止邻人制造那些需要量最大的物品，而对仿制专利品的责难，往往足以消除竞争。伊泊尔、根特、布鲁日凭借所谓的“特权”，把它们领地内所有二等城市的工业都管理起来，这项特权，人们从未见过，但它的存在足以使伊泊尔、根特、布鲁日实行这项措施。1373年，波柏林芬对伊泊尔的诉讼，对这种情况投上了一层阴影。当波柏林芬的布商要求“每个人有取得其生活的天赋权利”时，伊泊尔则以“城市权利”来为自己的特权辩护。[17]

同业行会对资本家企业主的态度，当然是一种极端的不信任和怀疑。组织呢绒业的大商人被迫列名于织工的同业行会，服从那些把他们降为作坊首脑地位的规定。当然，“大工业”的性质，必然使这些规定保持在一定的限度内，超过此项限度就要引起损害。阻止富裕的业主与意大利诸公司或汉撒商人发生商业关系，是不可能的。这些公司和商人在法兰德斯各个城市代替他们充当羊毛进口商和呢绒出口商。由于他们是外国人，因此不受管理本地居民的规则的约束。不过，由于工资的不断增加，工人要求的日益增长，纺织工人与漂染工人之间的长期仇视以及不破坏特权就无法改变顽固保守的技术规程，因而造成了工业的逐渐没落。1350年左右，工人们无疑受了意大利代理商的引诱，开始流向佛罗伦萨[18]，也许有更多的工人流向英格兰，英国诸王很聪明地利用了这种情况来加强本地的呢绒业。许多世纪以来，一直以原料供给法兰德斯的英格兰，现在开始与法兰德斯竞争了。15世纪初，这种竞争已有不可遏止之势。在布腊班特，由于同样的原因，产生了类似的结果。尽管最后终于有人注意到了这种情况，可是为时已晚。1435年，布鲁塞尔解除了呢绒商参加织工同业行会的义务，但已经来不及了。[19]

城市的自我主义妨碍了大规模商业，正像它妨碍了大规模工业一样。14世纪中集市的衰落，与工匠们厌恶这种与他们强烈的保护主义极不适应的制度不无关系。再者，许多城市根据“市场权利”，强迫过境商人卸下货物，向市民发售，然后才能继续前进。这是对地方运输的严重障碍。有些地方的船夫行会认为他们有在城市附近水道航行的绝对权利，有时甚至把别人的货物卸下，装在自己的船上运送。[20]

自然，也有许多例外。城市发展的速度并不是到处一样的，各地的行会统治权也不是同样强大的，因此，城市的保护主义也有程度上的差别。例如，在德国南部，大规模的工业与商业在14世纪才开始发展，其保护主义就不及具有悠久经济历史的尼德兰或莱茵兰那样显著。在法国与英国，王室的权力阻止了保护主义的充分发展。[21]而在意大利，资本权力是一向强大的，足以限制保护主义。可以毫不夸张地说，与13世纪比较起来，14世纪的城市工业把它原来具有的那种地方排外性精神发展到了极限。

城市对大规模商业进行课税或剥削的政策终属徒然。城市无法避免大商业，而事实上，它们也没有打算避免大商业。因为一个城市愈富裕，愈活跃，人口愈多，商业也就愈不可少。正是由于商业，城市居民才得到大部分的粮食供应，行会才得到它们的全部原料。通过商业，酒店获得他们的酒，鱼商获得他们的干鱼、青鱼，香料商获得糖、胡椒、肉桂与生姜，药剂师获得药材，鞋匠获得皮革，陶器匠获得铅与锌，纺织匠获得羊毛，漂工获得肥皂，染工获得松蓝、明矾与苏木。通过商业，城市工业的成品输送到了外面的市场。城市所能做的，只是管理城市范围内这种千差万别的基本活动的方式，而城市对这种活动的扩张与流通，对它所赖以发展的资源或所使用的信用，是完全无法加以控制的。事实上，依赖批发贸易的整个经济组织，也完全避开了城市的控制。资本的权力统治着这个广大的领域，支配着大规模的海陆运输交通与进出口贸易。资本的权力散布于整个欧洲。城市孕育在它里面，正像岛屿孕育在周围的海洋中一样。

14、15世纪最显著的现象之一，就是大商业公司的迅速成长。每一个公司在大陆各地都有它的分店、代办人或代理处。13世纪时意大利一些强大公司的榜样，此时在阿尔卑斯山以北出现了它们的追随者。意大利人以资本的处理、簿记、各种形态的信用教导别人。他们虽在货币贸易中继续占着优势，却在商品贸易中面对着日益众多的对手。只须举出下列事实就足以说明问题：德国的一些商业公司，例如卢卑克的希尔得布朗德·维克金丘森公司，它的生意从布鲁日达到了威尼斯，甚至达到了波罗的海远处；又如大拉文斯堡公司，它的代理人遍布于中欧、意大利与西班牙。至于法国和英国，法国为百年战争所蹂躏，英国则全神贯注于这一战争，故两国均没有力量来进行资本扩张。

不过，意大利由于它的异乎寻常的活力，仍旧占着第一的地位。意大利若干公司的破产在14世纪中叶曾震动一时，但是新的公司纷纷继之而起，最大的是麦第奇公司，它在15世纪所占的金融地位是空前未有的。

中世纪后期资本主义的兴起及强盛，在许多方面都表现了出来。从15世纪初叶起，一般维持在12%～14%的利率降低到了10%～5%。新的技术，如承付汇票、拒付汇票，使信用的作用日趋完善。在热那亚，1407年成立的圣乔奇行，可以被认为是第一家现代化的银行。人们对它的股票所进行的投机，就其重要性及影响而论，可以与17、18世纪英国的“整理公债”[22]相比。其他的银行，例如热那亚的桑杜里安、威尼斯的索朗佐、佛罗伦萨的麦第奇，都是兼营货币贸易与商品贸易的，它们在资本大小与营业范围方面均不亚于圣乔奇行。[23]这个运动完全是由一种新阶级的人员开始的。他们的出现，正值城市经济在行会影响之下发生变化的时期。这决不是巧合。旧的城市贵族被支配经济生活的新情况驱逐出了权力范围而与之脱节，绝大部分都变成了靠租金生活者，依靠他们过去常把资金投入的房租或地租而生活。代替他们的是一群新的资本家。这些资本家不受传统的束缚，毫无困难地接受了替代旧制度的新变化。他们大都是“代理人”、商业代办，或者是小康的工匠。信用的进步、投机和交易替他们开辟了一种事业。[24]不过，许多从前为诸侯服务而致富的商人，现在也把他们的钱财投入了商业。

自然，发展行政、维持雇佣军队以及用大炮装备雇佣军的费用的增加，促使国王与大的领主们不得不在自己的周围保持一批顾问与各类代理人，来担负贵族们所不屑于担任或不能担任的工作。这些人的主要工作是财政管理。他们只要能够提供主人所经常缺乏的资金，就不必担心流入他们自己腰包里的利润会受到严格的追究。这些利润是由于铸造货币或经他们之手与军队承办人、银行家及各种放债人订立合同而来的。耶克·寇尔只是这个新富阶级的一个突出的代表。在他周围还有许多人。例如，布腊班特公爵的机要顾问威廉·德·杜芬福尔德，他的财富创造了拉絮家族；又如为“善人腓力”和勃艮第公爵服务而致富的尼古拉·罗兰和皮埃尔·布拉德兰；还有在法王宫廷中服务的桑布朗克和欧协蒙。[25]国王宫廷的奢侈是随其权力而增的，供养王室与承办军队工作都是巨大利润的来源。1388 年，巴黎商人尼古拉·布拉尔承办查理六世为加尔德远征募集的军队的军需，总数达 10 万金埃勾(écus)之多。[26]卢加的拉庞狄成了勃艮第宫廷的主要放债人。[27]无论在哪里，大金融家在政府周围的重要性都日益增加。最上层的贵族也十分欢迎他们，以社会声望给予他们，作为服务的报酬。

事实上，14、15 世纪的资本家，不管他们的出身有何不同，都不得不与诸侯们发生关系，并且与诸侯们的利益保持完全一致。一方面，诸侯如不求助于金融家，就无法应付公共的或私人的开销；另一方面，大商人、银行家、船主们需仰仗诸侯的保护来对抗城市的自我主义，镇压城市的叛乱，保障商品与货币的流通。当那些“有东西可以损失的人”越来越受社会动乱或共产运动的威胁时，他们就越倾向于投入王室权力的怀抱中，以此作为他们唯一的避难所。甚至连工匠们受到帮工的威胁时，也求助于王室，因为王室是秩序的保障者。

对城市的自我主义，诸侯们出于政治上的原因是厌恶它的，而那些在商业上、利润上受其妨害的人，也出于经济上的原故而讨厌它。法兰德斯的小城市向大公爵呼吁反对大城市的专横。大公爵往往因为城市毫无怜惜地压迫乡村工业而进行干涉。在路易·德·马尔统治的时期(1346～1384年)，愈来愈多的乡村、领地被授予了制造呢绒的权利。随着在大的呢绒业城市中享有特权的织造业的衰落，出现了一种“新的呢绒业”，它在技术方面和生产条件方面均与旧的有所不同。在新的呢绒业中，西班牙的羊毛代替了由于国内市场需要而日渐稀少的英国羊毛，薄而廉价的呢绒代替了昔日“漂亮的呢绒”。但是，最重要的是，在制造方面自由代替了昔日的特权。这种新兴的乡村工业，显然是一种资本主义工业。在这里，刻板的市政规章为比较有弹性的制度所替代。受雇者享有充分的自由来与雇主订立合同，确定工资。城市经济的地盘越来越小，它企图约束的资本已经在乡村中开始显露出它的权力的迹象，直到16世纪，城市经济才掌握了这个权力。[28]从14世纪出现的一切新工业里，也可以看出同样的过程，例如挂毯制造、麻布织造、最早的造纸业，它们同时出现于欧洲的许多地方。[29]

国王与诸侯们对资本主义进展所表示的赞助，并不仅仅出于财政上的考虑。当他们的权力增加时所开始产生的国家观念，促使他们自认为是“公共福利”的维护者。城市自我主义发展达于顶峰的14世纪，也是经济史上王室权力诞生之时。在此以前，王室只是间接插足于经济领域，履行裁判、财政、军事的特权。虽然在作为公众和平守卫者的职务中国王曾经保护了商人，征收了商业税，在战争时期禁止敌人的船只进口并停止贸易，但是他对所属臣民的经济活动则听其自行处理。只有城市来为这些经济活动制定法律和规章。但是城市的权限又为其市界所限制，它们的自我主义，使它们不断地陷入矛盾，无法在牺牲个别利益的基础上，采取一些措施以谋求共同的福利。只有诸侯才有可能设想出一种区域经济，以此包容并且控制城市经济。自然，在中世纪结束的时候，人们还远远没有采取断然的行动或自觉的政策去走向这一目标，一般而论，只看得出来一些断断续续的倾向。不过，凡是区域经济掌权的地方，国家就向重商主义的方向发展。显然，“重商主义”一词的应用，是有严格范围的。对 14 世纪末期及 15 世纪早期的政府来说，“国民经济”的概念还很陌生。但是从它们的行动来看，它们是希望保护所属臣民免于外来竞争的，甚至还有一些地方把新的活动方式介绍到自己国家里来。在这方面，它们受到了城市的鼓舞。事实上，它们的政策只不过是城市政策的扩大，并且保持着城市政策的主要特征——保护主义。这是一个新过程的开端。这个过程终究注定要推翻中世纪的国际主义，并使国家之间的关系为一种自我主义所浸注，其排他性与多少世纪以来城市的排他性是一样的。

上述进化的最初迹象出现在英国，因为英国比其他任何地方都具有权力较大的、统一的政府。14 世纪上半期，爱德华二世企图禁止外国呢绒的输入，规定只有供贵族使用的不在此限。1331 年，爱德华三世邀请法兰德斯的纺织工人定居英国。最有意义的是 1381 年通过的一项法令，把英国的贸易保留给本国的船舶，这是克伦威尔航海条例的先声，当然是行不通的。15 世纪时，这种行动更为活跃：1455 年，禁止丝织品进口以保护本国的织造业；1463 年，禁止外国人输出羊毛；1464 年，对大陆呢绒实行限制，这预示了亨利七世(1485～1509 年)——英国第一个新派国王——坚决的保护主义和重商主义政策。这时，英国的工业已经逐渐取得了对农业的优势。[30]

这些措施自然引起了尼德兰的报复，因为尼德兰最重要的制造业受到了损害。曾经把许多区域统一在自己统治下的“善人腓力”、勃艮第公爵(1419～1467 年)以禁止英国的呢绒进口作为报复。不过，在他所统治的国家里，过境的贸易太多了，使他不能满足于一个单纯的保护主义政策。他开始促进新兴的荷兰商船队，并鼓励它与条顿人的汉撒同盟进行竞争。在下一世纪，他就获得了全部的胜利。[31]他不仅鼓励荷兰人进行贸易与捕鱼业(1380 年青鱼桶的发明使青鱼业的发展更为有利)，他还协助了安特卫普港口的发展。自此以后，安特卫普取代了布鲁日的优越地位，并在一个世纪以后成为世界最大的商业中心。

为百年战争所破坏的法国，直到路易十一即位以后，才采取措施促使它的经济复兴。路易十一推行政策的能力与精力是很著名的。他保证了里昂集市对日内瓦集市的优势，努力使丝蚕适合于法国的国土，并把矿业介绍到多菲内，甚至想在法国驻伦敦的使馆内举办博览会，以使英国人“认识到法国商人可以像其他国家的商人一样向他们供应商品”。[32]

德国的政治混乱，缺乏中央政府，使它不能仿效它的西方邻居。在这个时期，德国南部的城市，尤其是纽伦堡、奥格斯堡所发展的资本主义运动，以及由此而来的波希米亚与提罗尔矿业的繁荣，都没有受国家的影响。意大利因诸侯与共和国争夺支配权而分裂，不断地变成许多独立的经济区域，其中威尼斯与热那亚两个区域，由于它们在利凡特的企业而享有巨大的经济权威。事实上，意大利在银行业与奢侈品工业中的优势仍旧十分显著，尽管它的政治分裂，但它仍然保持着对欧洲其他部分的优势，直到印度的新航路被发现，使航运与商业的主流从地中海转移到大西洋时为止。

注　释：

[1] 书目提要：卢卡斯：《1315、1316、1317年欧洲的大饥荒》(《美国中世纪学院：反射镜》，1930年)。加斯基特：《1348～1349年的黑死病》，伦敦，1908年版。皮朗：《1323～1328年法兰德斯的海上暴动》，布鲁塞尔，1900年版。雷菲尔：《1381年的英国劳动者暴动》，巴黎，1898年版。奥曼：《1381年的大暴动》，牛津，1906年版。鲍威尔：《1381年东盎格罗的起义》，剑桥，1896年版。特里维廉：《威克里夫时代的英格兰》，伦敦，1900年第3版。吕斯：《农民暴动史》。弗朗茨：《中世纪末期的农民骚乱》，马尔堡，1930年版。德尼夫累：《百年战争时期法国教会、寺院、医院的萧条》，两卷本，巴黎，1898～1899年版。山茨：《德国职工联合会史》，莱比锡，1877年版。马丁·圣列昂：《同业行会》，巴黎，1901年版。皮朗：《比利时史》，第2卷，布鲁塞尔，1922年，第3版。萨尔韦米尼：《1280～1295年间佛罗伦萨的豪门与平民》，佛罗伦萨，1899年版。法列蒂—福萨蒂：《梳毛工人的暴乱》，佛罗伦萨，1882年版。米洛：《查理六世1380～1383年统治初期城市的起义》，巴黎，1906年版。

[2] 中世纪欧洲人口密度的知识，对正确了解中世纪经济史具有极大意义。不幸，我们所掌握的材料只能使我们作出用处不大的估计。见弗·洛的最新著作：《1328年小教区及户口情况》(《古典学校丛书》，1929年第90卷)指出，依当时的国境，法国的人口最多为2 300万人至2 400万人。但是这个统计所根据的户数及其累计方法，使人不能信

服。直到15世纪初年，我们才有比较准确的统计。不过，即使在这个时候，除了几个城市以外(参阅第151页注①)，一般的人口统计仍不可靠。当时人口的稀少与今日人口稠密比较起来，可能说明当时乡村人口不多。居弗利埃认为整个布腊班特公国的人口，以比较可靠的户口数目为根据，在1437年大约为45万。今日，同一地区的人口接近250万，为昔日的4倍(居弗利埃：《布腊班特公国的人口》，第327页)。但是并不能由此得出结论：中世纪末期欧洲人口是今日欧洲人口的1/5。作者认为中世纪末期欧洲人口比以上估计还要少。

[3] 萨波里：《巴尔蒂、帕鲁齐商业公司的危机》，佛罗伦萨，1926年版。《布昂西诺利的破产》(巴黎，1902年版，法伯尔：《杂录》)。

[4] 由于缺乏充足而正确的关于中世纪人口统计的著作，这里只能举出一般的印象。黑死病不但使人口停止增长，并且促使人口下降。不过，在这次大灾难以前，西欧各处的人口已经稳定了。在另外一方面，14世纪上半叶，在东欧斯拉夫国家，尤其是波希米亚，人口大为增加。

[5] 1350年英格兰颁布了劳工法令，1351年法国颁布了王家敕令，这两项法令都是以限制工资，降低物价为目的。费费埃：《1351年2月的大敕令：反公会以及劳工自由的措施》(《历史评论》，1921年第138卷，第201页以下)。

[6] 见布洛克：《法国乡村史的特征》，第112页以下。

[7] 前引布洛克：《法国乡村史的特征》，第118页以下。

[8] 事实上他们曾对某个富人说："你想做的是主人，而不是你靠之为生的社会的一员，而理由呢？一点也找不出来，因此之故指给你的是死。"《法兰德斯军官团记载》，见《法兰德斯记事大全》，第1卷，第202页。

[9] 见前引《法兰德斯军官团记载》，第189～190页。

[10] 费里埃斯特：《1302年都尔内的法律记录》(《王家历史委员会公报》，1911年第80卷，第445页)。

[11] "伊泊尔平民的活动停留在城门外面，这些人对城中的良民干了许多令人发指的可怖事情和阴谋……要是拆除城门的话，那么城中良民就有在夜间被杀死与被洗劫的危险。"《王家历史委员会公报》，第5集，第7卷(1897年)，第28页。

[12] 皮朗：《1379～1380年法兰德斯动乱记事诗》，根特，1902年版。

[13] 雅克·德·昂利库尔：《列日主教们的世俗施主》(波尔曼等编：《昂利库尔文集》，第3卷，第56页，布鲁塞尔，1931年版)。

[14] 前引库利希：《中世纪的商人与放款者》，第1卷，第214页。

[15] 书目提要：参考第六章第二节、第七章书目提要。施密特—伦勃勒：《德国代理业务史》，哈雷，1915年版。舒尔特：《1380～1530年拉文斯堡的大商业公司》，三卷本，斯图加特，1923年版。斯蒂达：《15世纪德国商人书信》，莱比锡，1921年版。阿曼：《地斯巴赫—瓦特公司》，圣加伦，1928年版。格隆茨瓦依：《麦迪西的布鲁日分公司通信集》，第1卷，布鲁塞尔，1931年版。普鲁茨：《耶克·寇尔》，柏林，1911年版。吉罗：《耶克·寇尔所担任的角色》(《蒙特派勒考古学会会报》，1900年)。皮朗：《资本主义社会史阶段》，第133页，注19。斯特奈德：《资本主义组织形成的研究。中世纪及现代初期的垄断、企业联合和股份公司》，慕尼黑，1925年，第2版。

[16] 艾斯皮纳和皮朗：《法兰德斯呢绒工业史有关文献汇编》，第2卷，第606页以下。

[17] 艾斯皮纳和皮朗：《法兰德斯呢绒工业史有关文献汇编》，第3卷，第168页以下。

[18] 关于法兰德斯、布腊班特工人移往佛罗伦萨的材料，见杜伦：《中世纪意大利的德国手工业工人及其联谊会》，柏林，1903年版。巴蒂斯蒂尼：《佛罗伦萨的法兰德斯人圣巴尔布联谊会》，布鲁塞尔，1931年版。格隆茨瓦依：《佛罗伦萨圣巴尔布联谊会会章》(《王家历史委员会公报》，1932年第96卷，第333页以下)。关于他们移往英格兰的材料见里普逊：《英国经济史》，第1卷，第309、399页。萨格尔：《爱德华三世时期法兰德斯、布腊班特呢绒工人的移居英国》，布鲁塞尔，1926年版。

[19] 马列兹：《布鲁塞尔的劳动组织》，第484页。

[20] 比格伍：《13、14世纪根特与法兰德斯谷物的流通》(《社会经济史季刊》，1906年第4卷，397页以下)。

[21] 参考本书第七章。1351年，法国取缔同业行会的条例，其目的在减少同业行会

对工作自由的限制、以降低物价。

[22] 前引库利希：《中世纪的商人与放款者》，第1卷，第347页。

[23] 佛罗伦萨附近普拉托寺院所保存的有关商人塔丁尼(1410年死)的材料包括有10万封信件。这是塔丁尼与他在意大利、西班牙、非洲、法国和英国的“代理人”的通信。信件的数量证明中世纪意大利商业公司营业范围之广。利非：《塔丁尼档案》，佛罗伦萨，1910年版。本萨：《普拉托的法兰西斯科·地·马可》，米兰，1920年版。

[24] 伊菲尔：《住在里昂的佛罗伦萨商人的收益》，巴黎，1902年版。詹森：《孚刻企业的研究(一)，孚刻企业的发轫》，莱比锡，1907年版。约翰逊：《14世纪英格兰的新富人》(《皇家历史学会会报新丛书》，第15卷，第63页)。库尔纳特：《翁虚特地方的丝光呢工业》，第362、411、455页指出“从15到16世纪，呢绒业工人与商人是丝光呢制造业中的低级人员，他们来自‘贫穷’或‘极端贫穷’的家庭”。从14世纪以后，贵族开始参加尼德兰的商业活动。舍斯特列特：《雷诺·德·舍诺》(《比利时王家学院人文学公报》，布鲁塞尔，1892年版)指出，15世纪初年，亨利·德·博塞朗，维尔地方的贵族，下令建造若干船只，以从事贸易。斯奈勒：《15世纪的华尔歇伦》，乌德列支，1916年版。

[25] 居佛利埃：《奥兰悦—纳索家族财产的起源》(《比利时王家学院人文学公报》，1921年)。米洛：《14～15世纪一个王家议员大家族——奥尔悦蒙家族的起源及其财产》，巴黎，1913年版。斯蓬：《桑布朗萨，16世纪初的金融资本家》，巴黎，1895年版。

[26] 贝拉格编：《圣丹尼教士编年记事》，第1卷，第533页指出，1383年他已经供应王室军队所需要的小麦(同书，第265页)。

[27] 米洛：《卢加人研究》，巴黎，1930年版。

[28] 皮朗：《16世纪的一次经济危机。城市的呢绒工业及法兰德斯的新呢绒工业》(《比利时王家学院人文学公报》，1905年)。库尔纳特：《翁虚特的丝光呢工业》，第148页，注7。试与从14世纪末期起，英国呢绒工人对呢绒工业的控制作一比较。前引里普逊：《英国经济史》，第714页以下。

[29] 勃鲁姆：《西方最初的几家造纸工厂》(《文学研究院会议报告》1932年)。

[30] 前引里普逊：《英国经济史》，第502页。关于爱德华四世(1461～1483年)的保护政策，参考索尔特：《汉撒·科隆与1468年的危机》(《经济史评论》，1931年，第93页以下)。

[31] 孚尔伯尔：《荷兰与汉撒同盟》，卢卑克，1930年版。

[32] 德·毛尔德：《1470年的一次国际博览会的尝试》(《文字学会会议公报》，1889年)。关于路易十一的经济政策，见德·拉·隆锡埃尔：《保护主义与自由贸易的初次交锋》(《历史问题评论》，1895年第58卷)。布瓦索纳德：《国家社会主义。现代初期(1453～1551年)法国的工业与工人阶级》，巴黎，1927年版。

总书目提要

目前尚无经济社会史史料汇编。但是各个国家都出版了有关这方面的各种文献：地籍册、登记簿、土地册、判例、工业条例、公共管理机构和私人组织的账簿、通信等等。这些文献仍继续以日益增长的数量在出版。这里毋须全部罗列出来。读者从本总书目提要中所引各国不同时期的著作中，可以找到有关的参考资料。

此外，研究本专题的历史学者除了熟悉与社会经济发展直接有关的文献以外，还必须熟悉他所研究的那个时期的通史资料。对研究中世纪史来说，情况尤为如此，因为中世纪史的大部分材料都来自年表、编年史、公家或私人事迹的回忆录、教会法规、登记簿、惯例汇编等。这样，一个完整的经济社会史的书目提要，将变成为中世纪史的全部史料提要。

由于上述原因，本书作者只举出有关整个中世纪或其大部分时期内社会经济发展的一般或个别国家的现代著作，以及研究这个发展的某一特殊方面的一般历史著作。至于专门问题的书目，已列入各章的书目提要中。

一般研究

毕歇尔：《国民经济学起源》，1893 年，杜平根，1910 年，第 7 版。

肯宁罕：《就经济诸方面论西方文明》，两卷本，剑桥，1898～1900 年版。

柯瓦柳斯基：《资本主义经济形态萌芽以前的欧洲经济发展》，七卷本，德文译本，柏林，1901～1914 年版。

杜普许：《从恺撒到查理大帝止欧洲文化发展的经济与社会基础》，两卷本，维也纳，1923～1924年，第2版。

柯兹许克：《中世纪一般经济史》，耶拿，1924年版。

库利希：《中世纪及近代经济史》，两卷本，慕尼黑—柏林，1928～1929年版。

汤普逊：《中世纪经济社会史》，两卷本，纽约—伦敦，1928～1931年版。

奈特：《中世纪末期以前的欧洲经济史》，马萨诸塞，剑桥，1926年版。

个别国家著作

德国

伊纳马—施特尔奈格：《德国经济史》，四卷本，莱比锡，1879～1901年版(1909年新版，第1卷)。

兰普列希特：《中世纪德国经济史。 摩泽尔河流域附近兰德平原物质文明发展的研究》，四卷本，莱比锡，1886年版。

戈尔兹：《德国农业史》，斯图加特，1902～1903年版。

英格兰

艾许雷：《英国经济史及其原理导论》，两卷本，伦敦，1888～1893年版。

肯宁罕：《英国工商业的发展》(《中世纪》，第1卷，剑桥，1910年，第5版)。

里普逊：《英国经济史》，第1卷，伦敦，1929年，第5版。

罗吉斯：《英国农业及物价史》，1～3卷，牛津，1866～1892年版。

萨尔斯曼：《中世纪英国工业》，牛津，1923年，第2版。

比利时

德歇斯纳：《比利时经济社会史》，巴黎—列日，1932 年版。

法国

比熊诺：《法国商业史》，两卷本，巴黎，1885～1889 年版。

拉瓦叟：《法国商业史》，第 1 卷，巴黎，1911 年版；《1789 年以前法国工人阶级及工业的历史》，巴黎，1901 年，第 2 版。

塞厄：《从最早的时期到世界大战为止的法国经济社会史概论》，巴黎，1929 年版；《中世纪法国乡村阶级与采邑制度》，巴黎，1901 年版；《法国经济史》，两卷本，耶拿，1930～1936 年版。

阿佛内尔：《所有制、工资及物价史(法国)》，四卷本，巴黎，1894～1898 年版。

布洛克：《法国农业社会史的特征》，巴黎，1931 年版。

意大利

阿利亚斯：《公社时期意大利经济及社会体制》，都雪—罗马，1905 年版。

伊菲尔：《13 世纪至 14 世纪意大利南方的商业与商人》，巴黎，1903 年版。

杜伦：《意大利经济史》，第 1 卷，耶拿，1934 年版。

专题研究

海德：《中世纪利凡特商业史》(富尔西—雷诺编，两卷本，莱比锡，1885～1886 年版，1923 年新版)。

舒布：《中世纪至十字军末期拉丁民族商业史》，慕尼黑—柏林，1906 年版。

戈尔德施密特：《商法通史》，第1卷，斯图加特，1891年版。

于弗兰：《市场与集市法历史论文》，巴黎，1897年版。

布瓦松纳德：《中世纪基督教欧洲的劳工》，巴黎，1921年版。

舒尔特：《中世纪德意志西部与意大利贸易交通关系史》，两卷本，莱比锡，1900年版。

桑巴特：《现代资本主义》，四卷本，莱比锡，1916～1927年，第2版。

期　　刊

《社会经济史季刊》，莱比锡（1893～1900年，亦名《社会经济史杂志》）。

《社会经济史评论》，1903年在巴黎开始出版。

《经济史》（《经济杂志副册》，凯恩斯、马克格列哥尔主编：《经济学杂志》附录，1926年在伦敦开始出版）。

《经济史评论》，1927～1934年，由里普森、汤尼主编，1934年以后由波斯丹主编，1927年开始在伦敦出版。

《经济与商业历史期刊》，格依、格拉斯主编，1928～1932年在哈佛大学出版。

《经济与社会史年鉴》，布洛克、番布弗尔主编，1929年开始在巴黎出版。

在各种历史期刊中，经济史的论述日益增多，毋庸赘述。

编 后 记

本书是比利时著名史学家亨利·皮朗(1862~1935年)的一部重要史学著作。我社曾于1964年、1986年、2001年印行过三版。应我国理论工作者研究欧洲中世纪的历史文化之需，现据2001年版本予以重印出版。在重印之前，对原译文作了文字和技术上的修正。

2014年1月

图书在版编目（CIP）数据

中世纪欧洲经济社会史/（比）皮朗（Pirenne，H.）著；乐文译.—2版.—上海：上海人民出版社，2014.4
（学术译丛）
书名原文：Economic and social history of medieval europe
ISBN 978－7－208－12187－4

Ⅰ.①中… Ⅱ.①皮…②乐… Ⅲ.①欧洲经济－经济史－中世纪 Ⅳ.①F150.933

中国版本图书馆CIP数据核字(2014)第057944号

责任编辑 屠玮涓
封面设计 张志全

学术译丛
中世纪欧洲经济社会史
［比利时］亨利·皮朗 著
乐 文 译

出 版 上海人民出版社
（200001 上海福建中路193号）
发 行 上海人民出版社发行中心
印 刷 常熟市新骅印刷有限公司
开 本 635×965 1/16
印 张 10.5
插 页 4
字 数 139,000
版 次 2014年8月第2版
印 次 2021年1月第3次印刷
ISBN 978－7－208－12187－4/K·2192
定 价 42.00元

ECONOMIC AND SOCIAL
HISTORY OF
MEDIEVAL EUROPE

by

HENRI PIRENNE

LONDON
KEGAN PAUL, TRENCH, TRUBNER & CO., LTD.
1936